Chinese Network Art & Criticism Series

中国网络文艺批评丛书

网络视听艺术批评

范 周 ◎ 主 编
王青亦 ◎ 执行主编

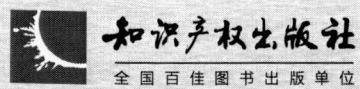
知识产权出版社
全国百佳图书出版单位

图书在版编目（CIP）数据

网络视听艺术批评 / 范周主编 . —北京：知识产权出版社，2019.1
ISBN 978-7-5130-5952-7

Ⅰ．①网… Ⅱ．①范… Ⅲ．①计算机网络—传播媒介—研究—中国 Ⅳ．① G206.2

中国版本图书馆 CIP 数据核字（2018）第 260117 号

内容提要

网络视听艺术批评，以"科技""跨界""参与""社交"为关键词考察网络视听艺术最前沿；以科技为先导，聚焦交互影像与 VR 影像，探讨网络影像与科技互动发展的新趋势；以社交文化为内核，审视网络短视频引发的文化现象与美学价值，思考网络视听文化的社会效应；以跨界融合为方法，关注动漫游戏的媒介融合与受众心理，反思国内动漫游戏发展之路。本书从现象出发，辅以翔实案例，勾勒出网络时代视听艺术的影像现在时。

责任编辑：李石华　　　　　　　责任印制：孙婷婷

网络视听艺术批评
WANGLUO SHITING YISHU PIPING

范　周　主　　编
王青亦　执行主编

出版发行：知识产权出版社有限责任公司	网　址：http://www.ipph.cn
电　话：010-82004826	http://www.laichushu.com
社　址：北京市海淀区气象路 50 号院	邮　编：100081
责编电话：010-82000860 转 8072	责编邮箱：lishihua@cnipr.com
发行电话：010-82000860 转 8101	发行传真：010-82000893
印　刷：北京中献拓方科技发展有限公司	经　销：各大网上书店、新华书店及相关专业书店
开　本：720mm×1000mm　1/16	印　张：13
版　次：2019 年 1 月第 1 版	印　次：2019 年 1 月第 1 次印刷
字　数：170 千字	定　价：45.00 元

ISBN 978-7-5130-5952-7

出版权专有　侵权必究
如有印装质量问题，本社负责调换。

◎ 序言

随着互联网和信息技术的深入发展,党和政府对于网络文艺的关注和重视,网络文艺的发展呈现出新的特征。第一,网络文艺消费的规模不断扩大,网络已经成为人们文艺欣赏和消费的主要途径。根据2017年经济数据,我国的国内生产总值已经突破了80万亿元的大关,文化产业作为国民经济的支柱性产业的总额,已稳稳站在了4万亿元的上方。而在这4万亿元的体量中,2189.6亿元的网络游戏则直接占据了5%的份额,而以网络游戏、网络动漫、网络视听为主的网络文艺,更是以5000亿元左右的规模占据了我国整个文化产业当中高达13%左右的比例。第二,网络文艺与其他文化产业的融合发展迅速。以网络文学为例,一些广受好评的文艺作品如《微微一笑很倾城》《三生三世十里桃花》等,都成功地带动了出版、影视、动漫、游戏等相关产业的发展,引领了创作与产业融合、传统与当下融合的新模式。第三,网络文艺IP开发成为热点,粉丝经济助力IP全产业链开发。2017年网络文艺各领域的优质IP呈现爆发之势,从文学IP《微微一笑很倾城》、音乐IP《同桌的你》,到游戏IP《王者荣耀》、动漫IP《秦时明月》,优质IP保证了粉丝黏性，为 IP 在不同维度、不同产业的运作奠定了基础。第四，网络文艺促进了商业"生态圈"的构建。近日，腾讯音乐赴美递交招股书受到业界的广泛关注，作为一个"一站式"音乐娱乐平台，打破了国外在线音乐平台以"会员付费和数字专辑"为主的盈利模式，打通会员付费＋数字专辑＋直播打赏＋音乐社交的多维度的变现渠道，不断地重塑着音乐生态圈。

但是与网络文艺的繁荣发展相比，网络文艺批评的发展却相对薄弱，处于碎片和杂乱状态，缺少优质的批评，有质量的批评也没有得到广泛的认同，这些都导致了网络文艺作品泥沙俱下，缺乏优质和经典之作，甚至出现没有底线、弘扬错误价值观的低俗作品。究其原因，首先，我认为与互联网逐利、嘈杂、纷乱的环境有关。这是批评集体的功利性心态。比如，微博、微信等新媒体平台上的电影评论背后都有追逐经济利益的动机，大量网络水军甚至专业影评推手的存在对舆论和票房有着强大的影响，这值得我们警惕和反思。其次，信息爆炸，淹没了理性的声音。网络文艺批评主体的大众化导致批评的感性化，缺乏理性精神。大多数文艺批评者凭着自己的喜好任意地、片面地进行评判，使得文艺批评水平参差不齐、良莠不一。而网友随意的跟帖式批评也让理性的中肯批评意见淹没在众多感性认识之中。再次，缺乏良好的网络文艺批评环境。网络时代，批评变得更加简单，却也更加情绪化，缺少理性的讨论和批评，网络环境的嘈杂不再适合传统的批评。同时，批评者们大多充满戾气，这是整个社会浮躁的环境所致。这些乱象可能和网络出现的时间比较短还没有建立一个成熟的讨论环境和机制有关。批评需要一个客观和理性的环境，营造这样的环境并不容易。环境最终导致批评无法继续，这对网络文艺创作者和受众来说都会产生负面影响。文艺缺少客观的批评，缺少理念的争锋和交融，就难以形成共识，形成一个普遍的标准，对于文艺创作来说就无法提供更好的引导。

当然，网络文艺与传统文艺相比，具有许多新的特征，这就要求批评家、评论员们走出学术的"象牙塔"，深入了解互联网技术、互联网思维、互联网话语体系以及互联网用户，从而进行网络文艺批评。一要坚持文本上的技术美学和生活美学并重。许多著名文艺批评家在学术和理论上根基扎实，但是在面对网络文艺批评这一新兴问题时显得力不从心，文本也无法吸引人们的关注，最根本的原因是他们没有意识到网络文艺作品与传统文艺作品之间存在的差异。网络文艺相比于传统文艺具有技术美学和生活美学双重属性，因此在形成文艺批评的文本时要从这两个方面出发。二要关注叙事模式的变化，从学术理论到互联网话语的转变。现在针对网络文艺作品的批评还依然集中在各大纸质媒体上。一方面，由于传播渠道的问题，与互联网受众之间存在信息壁垒，所以停留在"自说自话"的阶段。另一方面，因为传统的文艺批评学理性较强，文字相对晦涩难懂，不符合"网生一代"的阅读习惯，这些都导致了网络文艺批评无法实现真正的大众化。可见，相比于传统的文艺批评，网络文艺批评的叙事模式发生了局部变异，这也要求网络批评家和评论员对这样的变化及其内在规律要有深刻的认知。三要关注受众的变化，全面走近"网生一代"。网络文艺批评的受众主要是广大的网民，因此要求批评家们全面走近互联网一族，了解他们的生存状况、消费习惯、消费心理以及信息传播和接收方式，尤其是要了解"90后"和"00后"这些"网生一代"，他们是目前和未来的网络文艺作品的主要受众和消费者。最后要注重专业网络文艺批评人才的培养。目前，我国网络文艺批评的人才队伍呈现"小、少、散、杂"的特点，没有能够培养和集聚一批专业的网络文艺批评专家,因此无法建立健全完善的相关话语体系和理论体系。一方面,主要是因为在人才队伍的锻造和培养方面没有给予足够的重视和支持。另一方面,我们不缺少文艺批评家,但缺少有互联网基因的文艺批评家。网络文艺与传统文艺存在较大差异,网络文艺批评需要借鉴传统批评理论但不照搬照抄。需要在对网络文艺现象进行深刻理解后,在传统文艺批评理论的基础上形成自己独特的理论体系。比如,传统的文艺批评的相关理论主要来源于哲学、美学、伦理学等领域。但是相比于传统文艺,网络文艺的题材和内容十分丰富,如近年来出现并引起广泛关注的玄幻、科幻、悬疑等文艺作品题材,单纯依靠原有的理论和思维方式无法产生优质的批评,这也要求网络文艺批评要根据现实情况形成自己的理论体系。

今天的文艺批评不缺少赞美的声音,缺少的是有价值、有针对性的高质量的批评。批评界说好话唱赞歌的人太多,而有责任、有担当的批评却少之又少。如果只有赞美没有挑剔,就谈不上真正的批评,批评就注定不能讨好。如果只做讨好的事,那批评就变成了一种广告,好的批评可以成为宣传的途径,但现在的批评却大多是为了宣传而批评,真正提出问题的批评寥寥可数。诚实和真诚是批评家在从事批评实践时所应当具备的基本素质,失去了这样的素质,就会颠倒是非黑白,失掉底线。

"文艺批评是文艺创作的一面镜子、一剂良药,是引导创作、多出精品、提高审美、引领风尚的重要力量。"习近平总书记这一深刻阐述和精辟论述有力地揭示了文艺批评所要承担的时代责任。网络文艺批评将迎来持续发展的浪潮,作为新时代的网络文艺评论家,应该既有传统的文艺批评理论基础,又有互联网的基因。既像一个活泼的网络原住民,敏锐捕捉兴起于网络的审美新风尚，又像一个严谨的理论学者，揭示网络文艺作品背后的问题和本质，从而为网络文艺的健康发展打开一片更广阔的空间。

是为序。

中国传媒大学文化发展研究院院长

2018 年 11 月

目 录

第一章　非主流网络文艺的审美文化探析 …………………… 1
　　一、喊与摇：艺术生活化实践 ………………………………… 2
　　二、粗鄙美学：无聊、审丑与刻奇 …………………………… 5
　　三、异托邦与致幻剂：一种身份政治 ………………………… 9
　　四、去抵抗性与收编的资本逻辑 …………………………… 12

第二章　动漫 IP 孵化运营的产业链分析 …………………… 15
　　一、动漫 IP 的打造与传播策略 ……………………………… 17
　　二、动漫 IP "内容为王"的内生逻辑 ……………………… 20
　　三、建立动漫 IP 运营产品矩阵 ……………………………… 26

第三章　互联网时代网络视频传播发展初探 ……………… 33
　　一、网络视频产业现状分析 ………………………………… 34
　　二、市场发展现状 …………………………………………… 47
　　三、面临的问题和挑战 ……………………………………… 50
　　四、行业发展的新趋势 ……………………………………… 53
　　五、产业发展建议 …………………………………………… 57

第四章　E 时代动漫电影在传统粤剧传承中的新探索 …… 61
　　一、"互联网 +"背景下文艺的必由之路 …………………… 62
　　二、以粤剧《刁蛮公主憨驸马》动漫电影改编为例 ……… 76
　　三、网艺出海为抓手的新时代文化产业的构建 …………… 81

第五章　交互纪录片的定义、类型及发展…………………… 85
　　一、交互纪录片的界定 …………………………………… 87
　　二、交互纪录片的类型与发展 …………………………… 96

第六章　网络 VR 影像的发展与批评………………………… 113
　　一、网络 VR 影像的产生与发展………………………… 114
　　二、网络 VR 影像的特点及视觉体验…………………… 118
　　三、对网络 VR 影像发展中的问题批判………………… 125
　　四、网络 VR 影像的发展路径…………………………… 130

第七章　女性向恋爱游戏的"白日梦" ……………………… 141
　　一、女性向恋爱游戏的"白日梦"特征：虚幻叙事的沉浸表演 … 145
　　二、"白日梦"的原因：虚拟世界中的理想角色 ……… 147
　　三、"白日梦"的心理机制：普罗透斯效应 …………… 152
　　四、结语 …………………………………………………… 159

第八章　网络短视频的创作格局与产业生态分析…………… 161
　　一、网络短视频的发展及现状 …………………………… 162
　　二、短视频的内容分类及其特点 ………………………… 166
　　三、短视频的受众分析 …………………………………… 168
　　四、短视频的产业链及盈利模式分析 …………………… 170
　　五、短视频的传播机制 …………………………………… 175
　　六、短视频的竞争力 ……………………………………… 176
　　七、短视频行业的发展困境与破局之道 ………………… 178
　　八、结语 …………………………………………………… 185

第九章　"互联网＋"背景下纪录片产业的盈利模式探究…… 187
　　一、传统纪录片的盈利方式 ……………………………… 188
　　二、互联网融合背景下的新型盈利模式探索 …………… 190
　　三、未来纪录片盈利趋势预估 …………………………… 193

后记………………………………………………………………… 197

第一章　非主流网络文艺的审美文化探析

北京师范大学文学院　李宁

近年来，随着网络文化与媒介融合的越演越烈、网络直播与网络短视频等各类平台的兴盛，各类非主流网络文艺迎来充分的发展空间，其中尤以"喊麦"和"社会摇"两种形式最为引人瞩目。2017年12月30日，在浙江卫视举行的"领跑2018"跨年晚会上，喊麦代表人MC天佑压轴出场，演唱了其家喻户晓的代表作《一人饮酒醉》[①]。在此之前，他便陆续登上《快乐大本营》《天天向上》《明日之子》《年代秀》等各类主流电视综艺节目，并参演了多部影视剧作品。短短两个月后，MC天佑被全网禁播，并被《焦点访谈》节目公开批评，其在快手短视频、YY直播等各大平台累计近亿的粉丝瞬间蒸发[②]。与此同时，社会摇的

[①] MC天佑，本名李天佑，1994年生于辽宁省锦州市，初中辍学后混迹于烤串店、二手车行、台球厅、网吧等地，2014年11月开始网络主播的生涯。

[②] 2018年2月12日，央视《焦点访谈》栏目对网络直播的乱象进行了曝光和批评，并对MC天佑进行了点名批评，指出他"在网络直播中谈及色情话题，张口就来""在直播当中，用说唱形式详细描述吸毒后的各种感受。"

网络视听艺术批评

代表人牌牌琦在快手短视频平台上风生水起,粉丝突破3400万[①],社会摇也俨然成为喊麦之风戛然而止之后另一种霸占网络空间的表演形式。然而好景不长,随着2018年4月广电总局整顿"快手""今日头条"等软件,牌牌琦账号被封,社会摇也面临着同喊麦一样被规训与惩罚的命运。

那么,喊麦和社会摇是如何在短时间内风靡网络的?它们在形式语言上有何特点?在更深层次的美学风格上有何特征?它们的大行其道背后,又反映出怎样的社会现实与身份政治?而它们作为一种非主流/亚文化网络文艺,在亚文化"抵抗与收编"的层面上,又面临着哪些新的变化?对于上述问题展开探讨,有助于我们更为深入地理解当下网络文艺发展的状况与内在机制。

一、喊与摇:艺术生活化实践

喊麦是流行于网络直播平台的一种快节奏押韵为特征的声音表演形式。喊麦表演者往往冠以"MC"的称号,"MC"一词的原意为Microphone Controller(麦克风控制者),这也是国外一些Rapper(说唱歌手)的自称。喊麦表演者在直播间中配合动感音乐,面对麦克风进行极富韵律感与气势感的呐喊,有人也将这种风格总结为"县城DJ音乐+拖拉机节奏+大嗓门+东北腔"。社会摇则是流行于网络视频平台的一种重复式身体摆动为基础语汇的身体表演形式。实际上,

---

① 牌牌琦,本名李孟琦,生于黑龙江哈尔滨。他的快手粉丝数据截至2018年3月27日。

早在2014年10月30日，当时的短视频第一平台"美拍"就发起了一个名为"全民社会摇"的活动，两周内吸引了102万人参与，并成功申请了吉尼斯"最大规模的线上自创舞蹈视频集"。不过这一表演形式此后便销声匿迹，直到如今的短视频第一平台"快手"的兴起而再掀高潮。

如果追根溯源，喊麦与社会摇的兴起可谓网络文化、西方文化与本土文化多重文化杂交的产物。最近几年，我国网络视频、网络直播的野蛮成长为两种表演形式的兴起提供了深厚的土壤。据中国互联网络信息中心（CNNIC）发布的第41次《中国互联网络发展状况统计报告》显示，截至2017年12月，我国网络视频用户规模已达5.79亿元，网络直播用户规模达到4.22亿。而在网络娱乐应用中网络直播用户规模年增长率最高，达22.6%[①]。网络空间的部落化、分众化特性也使喊麦与社会摇集聚起了庞大的粉丝群体，形成了审美趣味的共同体。而从艺术系谱学的角度来看，喊麦和社会摇与西方的Hip-hop（嘻哈）文化、Disco（迪斯科）文化等有着深层的关联。喊麦在形式上与Rap（说唱）有一定相似之处，而社会摇则源于20世纪80年代开始涌入中国并在各类歌舞厅风靡十余年的蹦迪（Disco Dancing）文化。可以说，喊麦与社会摇是在中国几十年大众消费文化对西方亚文化文艺形态进行改造的基础上，再次被互联网亚文化群所拿来与转换的结果。

那么，喊麦与社会摇在表演形式/艺术语言上有何本质特点？本章将其总结为"艺术生活化"这一特征。从"喊""摇"的命名上，就已

---

① 中国互联网络信息中心. 中国互联网络发展状况统计报告[EB/OL].（2018-03-05）[2018-09-25].http：//www.cnnic.net.cn/hlwfzyj/hlwxzbg/hlwtjbg/201803/t20180305_70249.htm.

看出它们与"歌""舞"的裂隙与区隔。简单来说,"艺术生活化"所指代的是喊麦与社会摇早已不隶属于艺术范畴,而是成为从艺术层面下坠至世俗生活层面、艺术语汇与生活语汇相互混合或生活语汇全面入侵艺术本体的表演形式。

首先从表演空间上来看,喊麦与社会摇都脱离了艺术表演原本的空间。喊麦脱离了传统说唱艺术所依赖的街头、舞台等真实表演空间,而是拘泥于狭小虚拟的网络直播间里。不同于说唱表演者之间频繁的即兴互动,喊麦表演者只需面对不可见的网络受众展开表演。而社会摇的情况则恰恰相反,表演者们不再拘泥于传统蹦迪所依赖的歌舞厅等封闭空间,而是纷纷涌向广场、田野、街头、学校、商场乃至公交车等形形色色的空间,最后再以网络视频的方式通过网络平台传播给受众。以舞台为代表的传统艺术所依赖的表演空间着重于营造一个想象的生活空间,是一个真实存在但充满假定性的空间。而喊麦与社会摇所依赖的表演空间则是纯粹生活化的,它改变了表演者与表演空间的结构关系。与此同时,喊麦与社会摇所依赖的传播空间——网络直播间与网络视频空间则是纯粹虚拟化的,它改变了传统的观演方式与关系。于是,从真实的假定性空间到虚拟的生活化空间,喊麦与社会摇以一种"脱域"(disembeding)的方式急不可耐地投向世俗生活的怀抱[①]。

其次从艺术语言上来看,喊麦与社会摇的语言形式呈现出明显的三个特征。第一个特征是注重生活化。喊麦和说唱核心差别之一在于 flow

---

[①] "脱域"一词源于安东尼·吉登斯(Anthony Giddens)在其《现代性的后果》一书中提出的现代性社会所存在的"脱域机制",原指"社会关系从彼此互动的地域性关联中,从通过对不确定的时间的无限穿越而被重构的关联中'脱离出来'"。本文运用这一概念,主要引申为喊麦与社会摇从原有的空间性关联中脱离出来。

（伴奏和词的结合）。说唱之所以成为一种艺术形式，很大程度上在于能够将伴奏与歌词有机地结合在一起，在音色/音高/音量的有机控制中掌握歌词的节奏与情态。而喊麦则缺乏音乐性，似乎是说唱的乡土低配版。绝大多数喊麦作品只是在动感音乐的配合下将押韵的歌词以压声的方式大声念出来，从而具有非常典型的口语化倾向。从舞蹈语汇的层面来看，典型的社会摇表演主要以胯为核心，双脚站立不动，下肢、上肢与头部等随着音乐节奏做出大幅度、重复式的摇摆动作。一定程度上，这种极为粗糙的生活化的身体语言是无美感的肢体运动，而非具有美感的艺术语言。喊麦与社会摇的第二个形式特征是注重节奏性。它们的表演都离不开快节奏的、旋律单一的伴奏音乐。尤其是社会摇，表演者的身体要与音乐相配合，做出高度机械化、重复式的动作。喊麦与社会摇的第三个特征则是注重气势感。喊麦的表演者注重"喊"，注重以气势夺人，将歌词喊得铿锵有力、抑扬顿挫。而社会摇不仅以大幅度的身体动作来营造气势，更善于以人海战术以及富有变化的队伍搭配来营造气势。例如，在牌牌琦团队的表演场景中，同样身材瘦长的表演者们身穿统一的服装，留着统一的发型，排列成整饬有序的队列，并以双人舞、群舞、男女对舞等富有变化的表演方式出场。总而言之，与传统歌舞艺术的艺术语言相比，喊麦与社会摇集中呈现为一种充满秩序、节奏与气势但却毫无美感的重复式生活语言。

二、粗鄙美学：无聊、审丑与刻奇

喊麦与社会摇借助于无所不在的网络空间野蛮成长，在虚拟化空间中建构着一种世俗化、粗糙化的艺术表演形式。表演者们充分践行着艺术生活化路向，并在此基础上形成了较为统一的审美风格，本章将其总结为一种"粗鄙美学"。具体而言，这种审美风格不追求意义的生成，流露出媚俗与审丑的特征，且充斥着一种虚假的自我陶醉的刻奇倾向。

首先，喊麦与社会摇的"粗鄙美学"表现为内容上的无聊与意义的匮乏。社会摇表演极度追求动作语言的节奏与整齐，但尽情地摇摆不仅令表演呈现出异常躁动与癫狂的氛围，更使机械化的动作成为平面化的空洞的能指。喊麦尽管必须要搭配朗朗上口的歌词，但歌词内容普遍地呈现为庸俗化、平面化、无深度。以下面三首代表性的喊麦歌曲为例。

一生征战何人陪 / 谁是谁非谁相随 / 戎马一生为了谁 / 能爱几回恨几回 // 败帝王 斗苍天 / 夺得了皇位已成仙 / 豪情万丈天地间 / 续写另类帝王篇（MC天佑《一人饮酒醉》）

今日 我再次提笔 / 往事 我不再想起 / 忘掉 这是我自己斩不断的情是你 // 回忆 我势气辉煌 / 现在 我无助彷徨 / 台上谁在我身旁让我们再次称帝王（MC阿哲《断情笔》）

疆场征战为人看 挥手把那情斩断 / 为何你在他身畔 心好乱我心好乱 // 苍龙咆哮海翻腾 红颜转身泪倾城 / 千刀万刃本无棱 心好疼我心好疼（MC韩雅乐《负心人》）

可以看出，这几首喊麦歌词都是直抒胸臆式的情感宣泄。总体上看，喊麦歌词普遍沉溺于描绘帝王将相的英雄故事或者男欢女爱的情场故事。喊麦者或高谈封疆建功、意气风发的宏大理想，或抒发情场失意的苦涩。而据有关数据显示，从表演者性别来看，80%喊麦MC是男性，且年龄处于18～27岁[1]。"男人""天下""兄弟""征战""王者"等词语是喊麦歌词中排名前列的高频词。总体上看，权力和性构成了喊麦的两大核心主题。喊麦者们沉溺于无比直白露骨的情感呐喊中，而深层的艺术意蕴则无迹可寻。作家韩松落这样描述此类网络直播："看和被看里，都是无尽的无聊、乏味和空虚。"[2] 可以说，社会摇与喊麦的这种无聊美学，与互联网技术与媒介文化的发展不无关系。网络空间展示了无聊，也极速放大了这种无聊。正如拉斯·史文德森（Lars Svendsen）所言，"现代科技使我们更多地成为消极的观察者和消费者，而不是积极的行动者，这让我们陷入意义的缺失"。[3]

其次，喊麦与社会摇的"粗鄙美学"表现为艺术创作上的审丑与媚俗。喊麦歌曲普遍呈现为极度昂扬与极度悲观的矛盾体。表演者们一边描画遥不可及的英雄理想，一边发泄悲观消极的内心情绪。喊麦最严重的症结在于无处不在的浓厚的男权主义意识。表演者们不仅沉溺在帝王梦与红颜情中难以自拔，更时时站在男性领地之上发出对于女性群体的诸多偏见。例如，MC天佑的《女人们你们听好了》《女人们你们听好了续集》等作品中就充斥着对于女性的直白侮辱。如果说喊麦的审丑与媚俗在于奉错误的价值观为圭臬，那么社会摇的审丑与媚俗则主要体现为视觉形

---

[1] 中国网.80%听众是泛90后少年？这篇报告让你全面了解"喊麦文化"[EB/OL].（2017-07-27）[2018-09-25].http://science.china.com.cn/2017/07/27/content_39059737.htm.

[2] 韩松落.直播着毛骨悚然的真相[N].新闻晨报，2016-04-28.

[3] 拉斯·史文德森.无聊的哲学[M].范晶晶，译.北京：北京大学出版社，2010：20.

象上的恶俗趣味。社会摇表演者最典型的形象特征是：留着锅盖头发型，身着韩式西装、紧身九分裤和豆豆鞋，身材极其瘦长。这种形象辅之以夸张的肢体动作，形式上所造成的不适宜、不协调极易给人一种不快感、厌恶感。近些年来，从不断挑战公众审美神经的"杀马特"，到席卷社交软件的表情包，再到戏谑、解构经典的"鬼畜"视频，无不应和与强化着网络时代的大众审丑心理。社会摇的审丑现象，也成为这场审丑狂欢中的典型代表。

再次，喊麦与社会摇的"粗鄙美学"还表现为创作主体鲜明的刻奇倾向。刻奇（kitsch）一词源自于19世纪的德国，其作为一个美学范畴被广为人知与米兰·昆德拉（Milan Kundera）在《生活在别处》中的诠释不无关系。这一概念的含义至今仍然聚讼纷纭。昆德拉在《七十一个词》中曾这样描述"刻奇"："一个人在具有美化功能的哈哈镜面前带着激动的满足看待自己。"① 据此本章将这一概念阐释为"自媚"，一种将某种虚假的感觉世界视作审美并产生自我感动的冲动。正如有论者所言，"刻奇是一定程度上的伪善，是审美上的自我崇高化。刻奇者会将原本属于个人化的爱与受难，自我抒情化上升为一种'伟大的爱和伟大的受难'。通过这种感情价值化与价值绝对化，就产生了审美的自我崇高感。"② 就喊麦与社会摇而言，它们的刻奇倾向突出地表现为它们是一种自我欺骗与自我崇高化的表演形式。尤其在社会摇的表演中，许多团体表演以非常整饬有序的面目出现，同时还要在站位、服饰等方面

---

① 米兰·昆德拉. 生活在别处 [M]. 孟湄，译. 上海：三联书店，1992：130.
② 《新周刊》杂志社. 新周刊2014年度佳作：吐槽2014[M]. 桂林：漓江出版社，2015：148.

突出主要人物，表演者的表情要努力维持沉醉其中但又不动声色的冷酷感，同时在视频拍摄上通常采用仰拍手法以凸显表演者的伟岸高大。由此，表演者们成功制造了一种自我崇高化的幻觉。

三、异托邦与致幻剂：一种身份政治

尽管喊麦与社会摇的粗鄙美学充斥着无聊、审丑与刻奇的倾向，然而从之者却甚众。如同"杀马特"文化的风靡一时一样，他们对新兴的喊麦与社会摇也趋之若鹜。更值得思考的是，这些创作主体与接受主体借助发达的网络直播/网络视频空间，在建构着一种怎样的集体认同，或者说在实践着一种怎样的身份政治？

2017年7月，网易新闻曾推出一项名为《可以说这很青年了》的调研。调研显示，80%的喊麦听众是21～30岁的男性，他们的普遍月收入在2000元～6000元不等。80%喊麦MC是男性，且年龄处于18～27岁之间。而近30%的MC来自东北地区。[1]而据北京市文化市场行政执法总队与团北京市委在2017年开展的一项调研显示，33.1%的网络主播月收入500元以下，14.6%的网络主播月收入500～1000元，15.9%的网络主播月收入1000～2000元，18.0%的网络主播月收入2000～5000元，不到一成的网络主播月收入5000～10000元，不

---

[1] 中国网.80%听众是泛90后少年？这篇报告让你全面了解"喊麦文化"[EB/OL].（2017-07-27）[2018-09-25].http：//science.china.com.cn/2017/07/27/content_39059737.htm.

到一成的网络主播月收入万元以上。① 通过爬梳不难发现,喊麦与社会摇的表演者与爱好者们多为当下中国社会的青少年群体。作为当下社会的新生代群体,青少年群体正处于接受教育的成长阶段,尚未形成较为稳固的价值观,知识结构与情感结构正处在塑形和建构之中。

不过,借助于当前互联网时代庞大的网络虚拟空间,青少年群体得以形成审美趣味的共同体。如同布尔迪厄(Pierre Bourdieu)在《区分:判断力的社会批判》一书中揭示的那样,趣味是一种对人的阶级分类,任何趣味都不是自然纯粹的,都是习性、资本和场域相互作用的产物。喊麦与社会摇清晰地展示了这种趣味社会学,更借助趣味来标榜这个群体的文化身份。以社会摇为例,随着"社会摇第一人"牌牌琦的风生水起,诸多有志于社会摇的青年们纷纷以拜师学艺的方式聚集在其门下,从而逐渐形成了一个数量庞大、名号整齐的"牌家军"。而"牌家军"的诸多直播们还纷纷拥有各自数量不等的粉丝群。等级严明的"牌家军"与更为庞大的粉丝族群构成了牌牌琦的"内容王国",一个庞大而虚拟的趣味共同体。

当然,喊麦与社会摇爱好者们并非单纯地分享着同样的文化艺术趣味,也分享着同样的存在性焦虑(existential anxieties)。如果将直白乏味的喊麦歌词与演唱者的社会身份相勾连,不难发现那些"败帝王,斗苍天""爱江山爱美人,留下多少帝王魂"式的慷慨豪迈话语背后其实都暗含着他们对于上层社会的无限想象与向往,折射着他们不满足于现实境况的生存焦虑。例如,MC 天佑在接受访谈时就反复强调自己早年

---

① 刘声.调研显示网络主播月入过万的不足1成 半数不足千元[N].北京青年报,2017-03-14.

混迹于社会底层备尝冷落如今要"成王""成龙"的心路历程。① 列斐伏尔（Henri Lefebvre）曾指出，空间不只是物质性的、客观性的场所，更是历史性的、社会性的产物。社会关系作为一种具体化的抽象物，必须借助空间化机制才得以具体存在，"团体、阶级或阶级的一部分只有通过空间的生成或生产，才能将自己建构或将彼此识别为主体"。而喊麦与社会摇所依赖的直播间与视频空间正是这样一个社会性的"异托邦"空间，"一种反场所（counter-sites），一种的确实现了乌托邦"。这一空间将其他的虚拟空间或真实空间排除在外，但又建基在真实的社会关系之上；它向所有人开放，但并不意味着所有人都能够真正进入。在这一空间中，拥有共同趣味的表演者与观看者通过音乐、呐喊与摆动，寻找着自己的主体性，也建构着集体的身份认同。

然而，喊麦与社会摇的爱好者们真的能够通过直播间/视频空间这类网络异托邦确立自己的主体性吗？看上去似乎可以。喊麦表演者在声嘶力竭地讲述着一个个以自己为主角的英雄故事，社会摇表演者则在尽情摇摆中营造着一个唯我独尊、伟岸崇高的英雄形象，都在努力建构一个以自我为中心的神话。在躁动的洗脑式的话语中，观看者与表演者在虚拟空间里暂时达成了共情与共识，忘却了屏幕之外并不美好的现实世界。然而，喊麦与社会摇在网络异托邦中所建构的集体身份认同，与其说是一则宣言书，毋宁说是一种致幻剂。虚拟空间里的情感宣泄与理想表达是一种漂浮无根的幻象，成为掩盖或缓和现实生存困境的迷魂汤。通过喊麦与社会摇，以MC天佑、牌牌琦为代表的极少数表演者们积累

---

① 何珺.喊麦之王：YY快手第一红人MC天佑如何统治直播江湖[J].GQ中国,2016(9).

网络视听艺术批评

了大量的粉丝,并在物质财富上取得了令人咋舌的成功。2017年,MC天佑曾在访谈节目中自爆年收入税后8000万元;2018年,牌牌琦与其搭档小伊伊举行结婚仪式,婚礼上的直升机、游艇营造了一个上层社会的奢华生存景象。二人的成功为其粉丝们营造了一个幻象:凭借喊麦与社会摇就可以轻松获取巨大的财富,从而摆脱生存的焦虑,成功跻身上层社会。于是在这个权力分化越来越明显的虚拟空间里,无数粉丝们亲手将同一阶层的"同志"制造为万众仰慕的偶像,而他们的偶像在逐渐远离他们的同时继续为他们酿造着生活的甜蜜幻象。幻象之下,是不容置疑的贫富分化与社会阶层分化加剧的现实。

四、去抵抗性与收编的资本逻辑

2018年2月,文化部决定在全国范围内开展网络表演市场专项规范整治行动。很快,MC天佑被YY等头部直播平台禁播,与此同时,YY平台77首热门喊麦歌曲被禁,1000多名主播被封。2018年3月,国家广电总局发布了《关于进一步规范网络视听节目传播秩序的通知》,随后快手、抖音等视频平台被责令整顿,社会摇"头把交椅"牌牌琦被禁。几乎在一夜之间,喊麦与社会摇曾经众声喧哗的王国訇然陷落。看上去,喊麦与社会摇的命运典型地印证了英国伯明翰学派以"抵抗、风格、收编"为关键词的青年亚文化理论。然而在当下中国大众消费文化/网络媒介文化/主导文化多重角力与掣肘语境下,喊麦与社会摇作为一种青年亚文化又呈现出诸多复杂与特殊之处。

青年亚文化善于创制出服装、音乐、舞蹈等丰富而独特的风格与符号系统来彰显自己的文化地位与阶级存在,以象征性的、风格化的、仪式化的方式来对抗主流文化。然而作为一种青年亚文化形态,喊麦与社会摇本质上是弱抵抗性或无抵抗性的。喊麦与社会摇表述出了以"新工人"群体为代表的当下中国底层群体的现实焦虑与想象,但是这一切都是建构在积极拥抱主流社会与消费资本的前提之上的。正如有论者所言,这是一个"青年消失的时代"。在这个时代,"启蒙中国的激情被消费生活的激情所替代,塑造自我的理想被狂欢体验的梦想所替代,充满乌托邦精神的'青年文化',被享乐主义的'青春文化'所替代"。[①] 与此同时,身处当下网络自媒体时代,喊麦与社会摇的表演者们不仅身为创作主体,还作为媒介运营者担当着传播主体的责任。为了聚拢粉丝,表演者们往往陷入媒介的反控制之中,拜倒在注意力经济的裙裾之下,原有的底层话语也随之不断弱化。2016年6月8日,一篇题为《残酷底层物语:一个视频软件的中国农村》的文章曾在微信等社交网络掀起轩然大波。它聚焦的便是包括喊麦、社会摇在内的快手短视频平台的光怪陆离的内容世界,详细描画了视频创作者/传播者是如何为了吸引注意力、获取知名度而摄制各类庸俗、低俗的视频的。可以说,喊麦与社会摇的标新立异,与其说是象征性抵抗,不如说是以吸引注意力为鹄的。

每一种青年亚文化形态诞生之后往往要面临主流文化的审视、规训与收编。赫伯迪格(Dick Hebdige)曾指出,亚文化的表达形式通常通过两种主要的途径被整合和收编进占统治地位的社会秩序中:第一种是

---

① 周志强. 我们失去了"青年"[J]. 社会观察, 2012 (5).

商品的形式，即把亚文化符号（服饰、音乐等）转化为大量生产的物品；第二种是意识形态的形式，即通过统治集团（警方、媒体、司法系统等）对越轨行为进行"贴标签"和重新界定。[①] 不过对于喊麦、社会摇而言，它们所面临的与其说是资本与主导意识形态的联合收编，不如说是后两者之间的角力。以喊麦的兴起与衰落为例，近些年，在网络直播与网络视频平台蜂起、竞争激烈的资本战局中，以YY、快手、虎牙、斗鱼等为代表的网络平台常常奉行"流量至上"的准则，大力培养MC天佑、MC阿哲等喊麦明星。与此同时，以电视台为代表的主流文化也在资本的裹挟之下，不断向喊麦明星们投去商业化收编的橄榄枝。资本的逐利性放大了网络视频业的欣欣向荣，也暴露出内容监管的缺位。为了吸引眼球，喊麦主播们常常有意加入淫秽、吸毒等一些不良元素，尽管这种越轨的行为并非出于亚文化的抵抗诉求。显然，主导文化以禁止出场的方式对喊麦文化所进行的严厉的"再收编"，表面上的收编对象是越轨的喊麦表演者们，实际上的规训对象则是以资本逻辑为圭臬的消费文化。可以说，当下喊麦与社会摇被规训与惩罚的命运，并非源于青年亚文化的抵抗性，而是源于作为当下我国主流文化主体的大众消费文化与主导文化之间的对撞与冲突。

---

① 迪克·赫伯迪格.亚文化：风格的意义[M].陆道夫，胡疆锋，译.北京：北京大学出版社，2009：116-117.

第二章 动漫 IP 孵化运营的产业链分析

新华社新华每日电讯社 刘晶瑶

　　动漫产业是构建国家文化软实力的重要组成部分，也是推动知识经济增长的重要驱动力。任何一个动漫 IP 的成功孵化运营，都离不开搭建完整的商业链条，建立成熟的商业化运作机制。韩国动漫作品《小企鹅 PORORO》就是动漫 IP 孵化运营的成功案例，从一部给儿童收看的卡通片到受到各年龄层受众的喜欢，成为"吸金动画"的代表享誉全球，这一 IP 的成功之道在于深耕细作的内容创作和不断创新的传播方式。目前，我国动漫产业正处于从幼稚期向成长期转变的过渡阶段，行业发展中普遍存在知识产权保护力度不够、无法形成有效产业链等现实问题。通过回溯《小企鹅 PORORO》动漫 IP 孵化运营的全流程，为深入挖掘国产动漫的价值与开发提供有效范本。

　　作为 21 世纪"新兴的朝阳产业"，动漫产业不仅是构建国家文化软实力的重要组成部分，更日益成为推动知识经济增长的重要驱动力。

　　依据《关于推动我国动漫产业发展的若干意见》对动漫产业的界定："动漫产业是指以'创意'为核心，以动画、漫画为表现形式，包含动

网络视听艺术批评

漫图书、报刊、电影、电视、音像制品、舞台剧和基于现代信息传播技术手段的动漫新品种等动漫直接产品的开发、生产、出版、播出、演出和销售,以及与动漫形象有关的服装、玩具、电子游戏等衍生产品的生产和经营的产业。"

从数据来看,我国动漫产业规模增速迅猛。从行业产值来看,根据艺恩网发布的《2017中国在线动漫市场白皮书》显示,2017年我国动漫行业总产值达到1500亿元,在文化娱乐产业的总产值中占比为24%,动漫产业持续增速发展并进入集中爆发期。从动漫产业总产值来看,较之2006年的140.75亿元,规模翻了近十倍。[①] 我国动漫产业的发展经历了从跟风模仿到独立原创的发展新阶段。但总体而言,仍然存在有高原无高峰、有数量无质量的发展尴尬,同时受限于"低幼化"发展理念的阻碍,抄袭模仿、千篇一律、机械化生产、快餐式消费的问题也较为突出。

相比之下,经过成熟的商业化运作,国外动漫IP孵化运营已经形成完整的商业链条,从动漫IP的创作和发表,到通过电影、电视、网络传播等载体进行传播,再到动漫衍生品的开发、产业园区的设立等,完整的全流程运营,不仅保护了著作权人和版权许可代理方的经济利益,更为动漫产业的商业化运作提供了可复制的范本。

韩国动漫作品《小企鹅PORORO》就是动漫IP孵化运营的成功案例。本章以韩国动漫作品《小企鹅PORORO》为例,深入分析其如何通过成熟的集团化商业运作,实现动漫IP全领域的孵化和运营。通过对这一动漫作品的深入分析,映照出我国动漫产业发展过程中存在的短板,以期对国产动漫崛起有所镜鉴。

---

① 艺恩网.2017中国在线动漫市场白皮书[EB/OL].2018-04-11)[2018-8-10].http://www.entgroup.cn/Views/45475.shtml.

一、动漫 IP 的打造与传播策略

"IP"这一概念来自法律专业术语，是"Intellectual Property"的缩写，意指"知识产权"。根据我国民法通则的规定，知识产权属于民事权利，是基于创造性智力成果和工商业标记依法产生的权利的统称。《动漫蓝皮书：中国动漫产业发展报告（2015）》指出："IP 作为核心创意元素，是通过 OSMU 模式形成相互支撑、互动发展的内容版权体系。"[①]OSMU 是西方文化产业巨头所广泛采用的项目管理模式，英文为 One Source Multi Use，意为"一源多用"。一个来源指创意素材，多种用途指总项目中分出的电影、电视剧、动画制作、游戏制作、漫画出版、音乐和舞台剧等多个子项目，这些子项目既相互独立又紧密联系，可以互相配合和推进。在这样的运作模式下，一个创意就能形成一条产业链。[②]

回顾世界动漫发展史，实际上最早开启探索 OSMU 模式的国家是美国。美国是全世界公认的最早形成完整动漫产业链的国家，其动漫产业把娱乐休闲业、信息业、传统工业和商业等行业有机地联系在一起，成为完整的跨行业的知识经济产业链。[③]美国集群式孵化动漫 IP 的先驱者和领头羊，是人尽皆知的迪士尼集团。从米老鼠的卡通形象开始，迪士尼公司逐步发展成为坐拥众多知名动漫 IP 权益、世界范围内体量最大的动漫产业公司。

与已经有着近百年历史的迪士尼相比，于 2001 年开始计划制作的韩国动漫作品《小企鹅 PORORO》只能算是一位小朋友。但与很多昙

[①] 卢斌，郑玉明，牛兴侦.动漫蓝皮书：中国动漫产业发展报告（2015）[M].社会科学文献出版社，2015.

[②] 姚涵.文化产品经营中的 OSMU 模式[EB/OL].（2005-10-24）[2018-8-12].http://www.ccmedu.com/bbs54_2173.html.

[③] 吴强.美国动漫产业综述[J].文化贸易发展报告，2006（5）.

花一现之后很快消失匿迹的动漫 IP 相比，这个戴着黄色飞行帽的小企鹅却缔造出了韩国动漫产品的文化输出奇迹。其背后的动画制作公司艾康尼斯（Iconix）成功的关键，正在于运用 OSMU 模式，建立完整的商业链条。

韩国动漫作品《小企鹅 PORORO》，是一款专为 4~7 岁小朋友制作的 3D 动画片，首播即在韩国创下收视佳绩，迅速在世界各地电视台播映。主角"小企鹅 PORORO"是一只充满好奇心、顽皮且精力旺盛的小企鹅。它可爱调皮、人物设计配色为蓝白相间，戴着黄色飞行员头盔和橘黄色风镜，喜欢发现新鲜事物，也经常闯祸。它有很多好朋友，包括热心的白熊 POBY、爱捣蛋的小狐狸 EDDY 和害羞的小海狸 LOPPY 等，它们一起住在冰雪覆盖、与世隔绝的大森林里。

《小企鹅 PORORO》于 2001 年开始制作，于 2003 年 11 月在韩国电视频道 EBS 首次播出后，平均收视率达 4%，在该适龄段电视节目中占据 40% 的市场份额。2004 年 5 月起，在印度尼西亚最大的电视网络 RCTI 播映，同样取得很高的收视率。2004 年 9 月，它成为第一部在法国播放的韩国卡通片。

这部作品不仅赢得了孩子的喜爱，更获得了儿童家长的认可。该动漫作品不仅在播出后几年内占据韩国动漫作品收视率榜首，更在国际上屡获相关奖项。该片于 2003 年荣获意大利 Cartoons on the Baby 年度最佳角色、最佳婴幼儿电视节目、年度最佳节目等奖项；获得法国 Annecy Animation Festival 电视节目部门提名；美国 Kidscreen 年度必看动画作品等称号。

该动漫形象制作公司创始人崔正日，曾在接受采访时这样介绍："韩国的孩子只要一看到'小企鹅 PORORO'，就不想再玩其他玩具了。'PORORO'已经成为'孩子们的总统'。在 2003 年的韩国网络聊天室里，每天都能听到父母们对《小企鹅 PORORO》的感谢之语，'因为孩子

第二章 动漫 IP 孵化运营的产业链分析

们一看到 PORORO 就能变得安静，不再使家长过多操心'。"①

《小企鹅 PORORO》的幕后制作者是韩国工作室艾康尼斯（Iconix）。这家公司于 2001 年在韩国首尔成立，是一家从事动画制作、发行、出版、授权许可和衍生开发等项目的公司，拥有从动画到营销和许可业务的共生体系。在韩国国内，艾康尼斯作为一家电视动画制作和发行公司通过多个网络平台发布多个动画 TV 系列。作为角色许可生产商，生产并拥有上百个许可证，生产超过 3000 个项目。该公司是韩国动漫产业中创意动画制作和授权业务的领头企业。

艾康尼斯前期主要做一些国内外动画的业务代理工作，在 2003 年企划制作并发行了动画片《小企鹅 PORORO》。动画片在 EBS 电视频道上的成功播出以及相关图书的大卖，给动画角色积累了很高的人气。艾康尼斯也依托动画角色，一直在挖掘出版、玩具、音乐、表演、主题公园和版权许可等方面的商业价值。"小企鹅 PORORO"作为韩国国宝级卡通人物，已经销往全球 100 多个国家，其形象出现在了 1500 多种商品上，从手机到筷子到便签本再到衣服，衍生产品十分丰富。而除了《小企鹅 PORORO》系列动画作品，艾康尼斯还制作出品了《美术探险队》《搭乘巴士》等 TV 系列动画及《珍贵日子的梦想》动画电影等。

通常而言，传统动漫 IP 依附的完整的动漫产业链主要包括三大环节：第一阶段为漫画作品原创并通过图书、杂志、报刊等载体发表；第二阶段为动画制作并以电影、电视、音像制品、舞台剧、网络动漫等形式开发和传播；第三阶段为动漫衍生品开发和后续滚动再开发。②《小企鹅 PORORO》成功，是动漫 IP 产业链孵化进入 21 世纪以后的新模式，即有别于传统动漫 IP 孵化方式，跳过借助纸质载体传播的第一阶段，直接进入第二阶段进行传播营销，然后再进入促进动漫衍生品开发和后

---

① 张红梅. 不吃泡菜的企鹅走得更远[J]. 财会月刊, 2014 (35).
② 王海英. 关于我国动漫产业法律保护的思考[J]. 中国版权, 2006 (6).

19

续滚动再开发的第三阶段，并形成一种商业正态循环。

当然，除了《小企鹅PORORO》，还有许多"新生代"动漫作品，诸如《超级飞侠》《汪汪队立大功》等，都是遵循上述路径进行传播的。而如果想让单纯的动漫IP孵化为全民的现象级话题，还需要借力网络"亚文化"的力量，也离不开版权方遵循新媒体传播规律的借势营销。如版权方依托微信、微博、美拍等不同平台，通过短视频、表情包等方式宣传推广。

由此可见，任何一个动漫IP，要想成功地孵化运营并建立完整的产业链，必须立足于IP本身的特质进行深入挖掘，通过深度剖析市场对作品的关注焦点所在，完成与受众的实时互动，从而实现更为有效的传播。

二、动漫IP"内容为王"的内生逻辑

"动漫"是漫画（Cartoon）和动画（Animation）的合称。从商业价值的角度来看，动漫产业的投资方和创作者想要得到预期的经济回报，实现持续稳定的盈利，需要搭建完整的动漫产业链。形成产业链闭环的第一步，就是遵循动漫IP"内容为王"的内生逻辑。想要让创作者"无中生有"的智力创造，得到受众的广泛肯定，必须从内容建设上下功夫，找到能够从心灵深处温暖和感染受众的突破点。

根据马斯洛需求层次理论，亦称"基本需求层次理论"，需求分成生理需求（如呼吸、水、食物、睡眠等这是人类维持自身生存的最基本要求）、安全需求（如人身安全、健康保障、资源所有性、财产所有性、工作职位保障、家庭安全）、社交需求（如友情、爱情、亲情、人人都

希望得到相互的关心和照顾)、尊重需求(如自我尊重、信心、成就、对他人尊重、被他人尊重)和自我实现需求(如道德、创造力、自觉性、问题解决能力、接受现实能力)五类。如果说第一产业、第二产业主要旨在满足人类较低层次的生理需求及安全需求的话,那么归属于文化创意的动漫产业,从产生之初,就是为了满足消费者较高层次的心理需求和自我实现需求而生。因此,优质的动漫 IP 在叙事表达的过程中,应将精神文化内涵置于创意设计的首位。

(一)《小企鹅 PORORO》的价值内核

只有遵循"内容为王"的内生逻辑,才能用文化内涵滋养受众心灵,获得受众长久的感动和支持。从这个角度来看,《小企鹅 PORORO》与其他优秀的动漫 IP 一样,不生硬说教,重视"润物细无声"地启迪受众,让人们在欣赏动漫作品之余有所思有所得,更能感受创作者的用心之处。这也是《小企鹅 PORORO》的动漫 IP 虽然诞生时间刚刚 15 年,但借助精心设计的情节、良好的商业营销,已经让其受到跨国界、全年龄段受众的认可。《小企鹅 PORORO》赢得了口碑和商业价值上的双成功,离不开其始终坚持"内容为王",在动漫设计制作的每一个环节上做到精雕细琢。

《小企鹅 PORORO》的故事,设定发生在一个遥远的被冰雪覆盖的白色海岛。海岛中有一个静静的森林,森林里居住着一群可爱的小动物。他们几乎已不记得祖先来到海岛的历程,温暖的阳光、徐徐的海风就是它们的生活。好奇淘气的小企鹅,温和的北极熊,好管闲事的红狐狸,胆小怕事的小海狸。它们有着截然不同的性格与爱好,有时也会在平静的生活中发生一些误会、争吵或有趣的事。但是它们始终是最要好

网络视听艺术批评

的朋友，懂得互相帮助，总能找到及时解决困难的办法。

《小企鹅PORORO》里面的主要角色有以下几位。

（1）"小企鹅"。它是故事里的主角，是一位有着超强好奇心的淘气的小家伙。它乐于探索，碰到任何东西都要一探究竟。想到什么就立刻行动，是这只小企鹅的性格设定。"PORORO"的行动速度很快，只要滑上心爱的滑雪板，就天不怕地不怕，完全沉浸在滑雪的快乐之中。尽管大部分时间，它都在滑倒，甚至跌下来的时间比待在滑雪板上的时间还多，但勇于尝试、抗击挫折的性格设定，让它永远都在给村庄的小伙伴们带去欢笑和快乐。

（2）"小海狸"。它是有着可爱粉红色脸颊的小海狸，敏感且害羞。它是剧中乖孩子的代表，对待朋友很友善。它总是很担心"PORORO"莽撞的行为，但又私底下羡慕"PORORO"随和的个性。一旦小海狸感到害怕或担心，它总是习惯性抱住自己的尾巴，或是用小小的手捂住脸颊。

（3）"小龙"。它是一只可爱的小恐龙。小企鹅在冰丘上捡到一颗恐龙蛋，带回家后就孵出了小龙。因为小企鹅是小龙睁开眼后，看到的第一个"人"，所以它一直以为小企鹅是它哥哥，无论小企鹅去哪里都紧紧跟着。当它大叫或者打喷嚏的时候，还会喷出火来。

（4）"小狐狸"。它是一只聪明但有点固执的小狐狸。它喜欢管别人的闲事，也喜欢讲话。如果剧中的小伙伴，不愿意倾听它的讲话，它就会不开心，可小狐狸也能够在犯错时坦率地承认自己的错误。小狐狸喜欢修理坏掉的东西也喜欢创造发明，有时候它的奇特发明也会给村庄带来小小的困扰。

（5）"大白熊"。它是温和善良的大白熊。大大的黑色鼻子和没有丝毫心机的笑容，是它的典型标志，虽然它看上去很强壮，但却从不会欺负任何人。它最欢做的事情，是和朋友们一起做冰雕，还喜欢独自哼着歌去钓鱼。它永远热心帮助其他小伙伴，任何村里的杂务都乐于出手相助，是一位值得信赖和依靠的朋友。

《小企鹅PORORO》每一集只有5分钟。情节看起来很简单，没有什么曲折之处，但这正体现了制作者的用心之处。因为少年儿童的注意力一般不超过7分钟，但是市场上通常制作的此年龄阶段的动漫都是10分钟左右。《小企鹅PORORO》的制作者着眼于这一点，特别制作了限制在5分钟内的动漫。

这部三维动画片是以4~7岁的小朋友为主要受众的，角色个性设定跟现实中4~7岁的孩子接近。4岁以上的小朋友慢慢地开始接触周围的朋友或社会，并与其发生互动，在其中学习。主创人员的主要目标就是希望通过这部影片，让孩子们潜移默化地学会如何和人相处，如何去解决身边的问题。而与儿童同岁的主人公行为举止能够引起他们的好奇心。从儿童有趣的玩乐或和儿童平时生活一样的场面来描述人与人之间的关系、友情或者亲情以及每个人的个性、缺点、优点，呈现出不同的价值观。动画人物在生活、学习、玩耍过程中遇到一些困难，或者意识到一些自己的错误，通过改正错误、解决困难来完成成长的进程；也在其中懂得互相帮助，与朋友结成更坚固的友谊。这些与自己相关的生活玩耍的场景能抓住儿童的好奇心，通过这样的感同身受的体验，孩子们便能够学到书本外的关于个人成长的新知识。另外，《小企鹅PORORO》主题歌也具有娱乐性和教育性，比如通过唱数字歌来简单地说明数字的概念和加减法，也同时满足了家长所需求的教育方面的作用。[①]

对于这部韩国动漫作品，国内的成年观众做出了这样的评价：

[①] 林银花.浅析韩国动漫"PORORO"的成功因素[J].当代电影，2012（1）.

网络视听艺术批评

"'PORORO'这个人物的塑造,不呆板,很丰满,有点小缺点,却又很可爱。我们的身边都有这样的朋友,因为我们自己也是这样的人。这部作品会给孩子正确的引导,认识社会,认识人生,认识周围的人。讲得全是小朋友之间的故事,它们之间互相打闹、扣蛋糕、画对方鬼脸甚至发脾气赶人、偷看别人的秘密等,但都能有错就改,友爱相处。书中的故事就像是从身边发生的事情中精选出的一样,不仅对孩子有潜移默化的教育作用,也能引发大人们深深的思考。"这也正是《小企鹅PORORO》价值内核的最好阐释。

(二)国产动漫内容设计能力不足

《小企鹅PORORO》在内容设计上的独具匠心,也值得国产动漫深入思索。在借鉴他山之石的基础上,探索国产动漫崛起的合理路径。我国5000年的历史长河源远流长,积累了极为丰富的文化资源。经典的神话传说、传承千年的民间故事,都是动画作品取之不尽、用之不竭的创作源泉。曾经凭借《铁扇公主》《大闹天宫》《神笔马良》等一批优秀作品在国际舞台上闪耀的中国动漫,如今却面临被国际动漫巨头挤压的市场窘境。不仅缺乏真正有市场号召力的IP,也存在产业链闭环能力不足,"吸金能力"较差,难以取得商业成功的短板。背后的原因,正在于我国动漫产业无论是在文化输出还是在文化创作过程中,都存在重形式轻内涵、剧本设计不过硬的软实力上的不足,正是没有遵循"内容为王"的内生逻辑。

从动漫电影票房市场来看,2015—2017年曾出现过国产动漫三大作品,即《西游记之大圣归来》(票房9.5亿元)、《大鱼海棠》(票房5.6亿元)和《大护法》(票房0.8亿元)。其中,2015年的《西游记之大圣归来》一扫过去国产动画电影只会做低幼类的标签，还催生了一个名词"自来水"，即自发给电影免费宣传的粉丝。2016年的《大鱼海棠》虽然在情节设计上略显粗糙，但精美的制作和优秀的配乐还是赢得了不少拥趸。然而，时间推进到2018年，本应成为动漫电影"票仓"的暑期档，却遭遇了票房疲软、爆款难寻的滑铁卢。根据猫眼娱乐的数据显示，2018年暑期档共有22部动画电影上映，较2017年多了10部，票房13.61亿元，相比去年少了3.59亿元。虽然影片数量和排片率年年增高，但不管是上座率还是总票房都比2017年都有所回落。

融入中国元素，是国产动漫电影的特色和优势所在。然而，这不等于只顾着用华丽的技术，简单堆砌所谓的中国风。如果无法真正赢得受众，会让国产动漫"有高原无高峰"、剧本粗糙的硬伤更加突出。在成人观众眼中，国产动漫叙事简单，让人兴趣索然。在低幼观众眼中，国产动漫说教意味浓厚，这些因素都加剧了国产动漫的上升势头受阻。

国产动漫相对"低幼化"的设计倾向，导致创作者缺乏对各年龄段观众喜好分层次的研究和深入挖掘。过于生硬的说教痕迹充斥于动漫作品之中，这也成了制约国产动漫发展的瓶颈。长期对成年观众市场的忽视，或者说无法创作出能让成年观众产生共鸣的优秀作品，加剧了国产动漫产业只能定位低龄化的发展劣势。

值得关注的是，与前几年大量劣质国产动漫充斥市场相比，经过几年时间的整改，国内动漫的质量也获得了一定程度的提高，以低俗内容吸引消费者，进而赚取广告费用的"劣币驱逐良币"现象得到了遏制。2017年国内动漫产量已经降至8.35万分钟，较2016年降幅达30.2%，在市场作用和政策引导的双重作用下，大量从原来依赖政府补贴以量取胜的增长模式已转变为以优质内容为核心的追求质量的模式上来。

正如中国电影家协会秘书长饶曙光所言："工业化是未来中国动画电影发展的关键词，探寻动画电影工业化道路是确保国产动画电影可持续发展的关键，动画电影创作和生产理应建立在品牌性团队、品牌性大企业基础上，动画电影创作需要建立流程规范化、分工细致化、管理现代化的工业化生产体系，从环节把控、技术升级、人才储备等方面进行创作性调整，稳步提升动画电影生产质量。"①

因此，从根本上说，想要搭建起动漫 IP 孵化运营的全产业链，核心永远是"内容为王"的产品建设。

三、建立动漫 IP 运营产品矩阵

粗略估算，全球的动漫市场规模已达 2000 亿美元，动漫的衍生品市场更是突破了 5000 亿美元。自 2006 年以来，中国动漫的商业化、市场化、产业化程度与日俱增。据比达咨询（BDR）数据中心统计，截至 2017 上半年，中国动漫产业产值达到 786 亿元，同比增长 20.1%。② 早已突破千亿大关的市场规模，加上国家对动漫产业的政策支持红利以及社会资本的不断关注，让动漫产业进入快速变现的阶段。

从现象上来看，国内动漫市场蓬勃发展，是受到市场规模不断扩大的吸引，资本介入和驱动效应明显，借助资金、人力的投入，实现了国产动漫制作质量的提升、创作题材的优化、营销推广的成功。潜藏于现

---

① 姬政鹏.国产动画电影现状：找准观众比"合家欢"更重要[N].中国电影报，2018-07-19.

② 比达咨询.2017 年第一季度中国动漫 APP 产品市场研究报告[EB/OL].（2017-05-05）[2018-8-13].http：//www.bigdata-research.cn/content/201705/448.html.

象之下实质的，则是动漫消费群体的日益成熟。据央视财经微博数据显示，2017年中国二次元核心用户超过8000万，二次元群体的总数超过3亿，且97%以上是"90后"和"00后"。这批看着动漫长大的人，正成长为动漫市场消费的中坚力量。

如何吃下这块潜力巨大的市场蛋糕，从优质动漫IP孵化出吸金实力雄厚的完整产业链条，对企业而言，是挑战与机遇并存的重要一课。从实际操作角度来看，想要提高动漫IP的产品附加值，建立良性循环的市场闭环，离不开全方位的商业运作和完善的知识产权保护，并在此基础上建立集群式的动漫IP运营产品矩阵。

（一）筑牢动漫IP保护护城河

对以文化创意为核心的动漫产业来说，知识产权就是生存的氧气。成熟的动漫产业链上的关键一环，应当是加强知识产权的保护，以此作为动漫产业可持续发展的重要保障。如果不能妥善解决衍生品仿制、盗版和商标抢注这三大困扰动漫知识产权保护的难题，很容易让动漫产业陷入"赔本赚吆喝"的尴尬。

据文化创意产业发达国家的统计数据显示，版权的收入应当占到产业总收入的30%~40%，但在我国这个比例还不足10%。在我国目前的国情下，动漫作品的播出几乎没有什么利润，动漫衍生产品的价值才是动漫产业的主要经济来源，往往占据动漫产业价值的一半以上。然而，互联网时代的到来，引发动漫产品流通渠道的全面改变，在这个过程中应积极考虑如何防止违法复制商品借助网络环境流通。如果缺乏有效的版权保护，大量盗版制品、仿制动漫周边产品的出现，势必影响动漫作者创作动漫作品的积极性，进而损害版权人的合法权益，最终将阻碍动漫产业的健康、良性发展。①

　　同样的道理，因为版权保护不利、维权工作难度大，也让许多本可能有更深层次发展的国产动漫 IP 屡陷侵权泥淖，创作者的辛苦努力付诸东流。例如，湖南三辰公司设计的动漫《蓝猫淘气三千问》中的"蓝猫"形象深入人心，它在动漫爱好者的心目中可以与外来的卡通形象如唐老鸭、米老鼠、铁臂阿童木等一较高下。然而，在快速成长初期，《蓝猫淘气三千问》并没有建立起完备的知识产权保护体系，致使饮料类中"蓝猫"商标被河北某企业注册，使得"蓝猫"饮料的推广无法在全国铺开而一度中断在饮料领域的发展。还有深受孩子们喜欢的《喜羊羊与灰太狼》系列动画，盗用喜羊羊形象的产品不仅有玩具、服装，还有护肤品、儿童药品等。检索喜羊羊商标注册情况，发现目前已经有 60 家企业申请注册喜羊羊商标，涵盖各个行业。

　　一旦版权保护存在漏洞，动漫创作过程中所做的大量投资便难以收回，直接影响动漫产业的经济效益，导致动漫企业难以建立可持续的利益回报机制，产业链下游利润被盗版商劫走，严重影响企业的后续经营活动。想要筑牢动漫 IP 护城河，除知识产权方加强自身利益保护意识，加强维权力度，对衍生品仿制、盗版和恶意抢注现象及时合法维权之外，还应当建立依法监管的法治环境，加强对盗版侵权的执法力度，提高侵权民事赔偿方面的惩罚力度，同时探索成立动漫作品版权专业管理机构，健全动漫产业知识产权维权援助的长效机制。

（二）动漫 IP 衍生品的设计开发

　　动漫衍生品是指以动漫作品中的原创动漫形象为核心，经过设计研

---

① 肖昕.新媒体环境下动漫版权保护探析[J].出版广角，2013（16）.

发衍生出的一系列可供销售的商品及服务。其覆盖范围包括：影像制品、书籍、玩具、服饰、食品、文具、家居用品等。动漫衍生品的开发是从动漫作品到动漫产品的转型升级，是动漫产业链中关键的一环，也是由艺术创作向市场管理模式的过渡。从动漫 IP 孵化的全产业链来看，制作播放环节的版权收入一般并不占据盈利收入的大头，更多的收益，来自于动漫 IP 衍生品的设计开发。从细分市场来看，动漫玩具为盈利最主要的动漫衍生品产品类型，我国有一半以上的动漫衍生品市场被动漫玩具所占有，动漫服装占动漫衍生品市场的 16%，动漫出版则占据 4%。在动漫产业链条中，动漫衍生品作为市场规模最大的行业，其市场规模远远高于动漫内容播出市场。①

2011 年，《小企鹅 PORORO》的 IP 衍生品每年可以卖出 5000 亿韩元，有 150 个公司在销售 1000 种"PORORO"卡通形象商品。2010 年，从首尔产业通商振兴院（SBA）的评估中可以看出，《小企鹅 PORORO》品牌的价值为 3893 亿韩元左右。现在"PORORO"卡通形象收到了来自全世界多个国家的海外专利版权费。②

《小企鹅 PORORO》的观众是儿童，而为其兴趣进行消费的购买者则是成年人。作为这样的一种特殊产品，必须引起观众和购买者这两者的同时关注与认同，才能成功地走进动漫产业市场。《小企鹅 PORORO》以观众（儿童）的共鸣为主导，以购买者（父母）的购买欲望为中心。动漫产业功能的融合能够满足儿童的兴趣点和父母的购买心理。而这种娱乐性与教育性融合在一起的结合，就自然而然地体现和生产出了它的商业性。

网络、手机等新兴媒体推动了动漫产业链上下游的发展，让《小企鹅 PORORO》衍生产品的范围不断扩大，带动了系列衍生产品的生产

---

① 中国报告网.2017 年中国动漫衍生品行业发展现状及对策分析［EB/OL］.（2018-01-03）[2018-09-28].http://market.chinabaogao.com/chuanmei/0133115302018.html.

② 陈新梅.ACG 时代的韩国动漫产业[G].东岳论丛，2011（10）.

和销售。《小企鹅PORORO》在韩国国内开发销售产品分为三种：第一，娱乐类。如网站、DVD、玩具、主题公园、游戏、电影、音乐喜剧、展览会等。第二，生活类。如餐具、婴幼产品、服装、食品、工艺礼品、少女食品、各种日用品装饰、药品、邮票等。第三，教育类。如外语版DVD、系列童书、电子书、图书以及各种各样的教材。据艾康尼斯衍生产品销售额统计，2003年《小企鹅PORORO》衍生产品获得55亿韩元销售收入，2004年比2003年激增至325.54亿韩元，此后每年销售量均呈增加趋势。同时特许权使用费也在每年稳步低幅上升。[1]

此外，《小企鹅PORORO》的动画形象还被用于娱乐教学网游的开发，试图打造出亲切氛围的教育游戏。2009年，韩国NHN公司和艾康尼斯签约，决定合作开发教育类网络游戏，在各自拥有的技术力和内容方面展开积极合作。[2]

《小企鹅PORORO》主题乐园在韩国以及中国的落地也非常成功。在韩国，主题乐园由乐天集团与艾康尼斯签约，陆续在韩国乐天游乐旗下的主要购物中心和游乐场开出主题乐园。乐园占地2000～3000平方米，主题乐园内均采用动画片中的冰雪造型进行场景搭建。小朋友融入其中，就好比融入《小企鹅PORORO》的欢乐世界里。主题乐园开业后，每年接待客流达到百万人次，是韩国儿童心目中最喜欢的主题乐园之一。国内首家《小企鹅PORORO》卡通主题乐园已于2014年5月22日在北京爱琴海购物中心开业。2014年10月1日，中国西南地区首家《小企鹅PORORO》卡通主题乐园在重庆协信星光时代广场正式开业。

与国外成熟的动漫IP衍生品授权使用相比，我国动漫电影衍生品市场尚大多处于OEM代加工工厂的模式。虽然，我国是全球最大的动

---

[1] 林银花.浅析韩国动漫"PORORO"的成功因素[J].当代电影，2012（1）.
[2] 178新游戏整编.淘气小企鹅题材娱乐教学网游《PORORO》将开发［EB/OL］.（2009-07-06）［2018-09-28］.http：//xin.178.com/200907/40866938947.html.

漫衍生品加工基地，却始终处于产业链的下游，只能赚取微薄的加工利润，拥有市场号召力的本土品牌不多。与《小企鹅PORORO》已经建立起成熟的动漫衍生品产业链相比，我国动漫衍生品开发相对薄弱。目前来看，我国动漫作品的衍生品主要集中在玩具、文具、儿童服装等低端的消费品领域。实际上，诸如与网络游戏嫁接、与通信业的合作、珠宝、数码产品、汽车等产品的造型设计、主题公园、主题餐饮业的建设等都属于动漫衍生品开发的领域。

从数据上来看，美国、日本动漫衍生授权商品占整个动漫消费品市场份额分别达30%和20%以上，而我国仅有1.2%。背后深层次的原因在于，我国动漫企业规模小、资金实力薄弱，动漫产业链上游的创意制作已经要消耗大笔资金，而这个环节属于必要的成本投资，通过出售播出版权实现的销售收入仅能收回成本的25%~35%，剩余资金再投入到衍生品开发环节已经力不从心，而政府的扶持资金大多投入上游的创意制作环节，所以我国动漫原创企业尽管很想介入衍生品市场领域，但大多因为资金压力而放弃这个利润巨大的市场。[①]

对于动漫IP孵化而言，衍生品的授权是盈利的关键所在。这也要求创作者精准定位目标受众，掌握网络时代的营销规律，有针对性地满足二次元用户的消费需求，传递动漫品牌价值。在选取授权对象与合作方时，尽量选择能够共同促进品牌成长，有长远战略目光的伙伴，注意对盗版侵权衍生品的起诉维权，为动漫IP孵化运营建立良性循环的闭合产业链。

[①] 赵路平. 国内动漫衍生品市场的现状与前景[J]. 西南民族大学学报（人文社科版），2007（9）.

第三章　互联网时代网络视频传播发展初探

安徽出版集团美好时代影视传媒有限公司　蒋乃纯

随着互联网信息技术不断的迭代更新，网络发展突飞猛进，每个行业发展都必须借助并依靠网络的力量，与此同时，信息传播导致文化语境在网络时代发生极大变化。作为网生代新青年，"90后""95后"，甚至"00后"成为信息时代的主要建构者、参与者和创造者，他们的思维观念、消费模式和价值需求日趋成为当代不可忽视的影响，甚至引导着市场的走向。

作为重要消费对象的青少年群体，他们喜闻乐见的网络文艺最鲜明特点是：最大限度实现个性表达、价值存续、情绪宣泄、信息共享以及创作与消费的直接变现和商业化运作。因此，得青年者得天下，青春娱乐、接地气、实时互动成为当代网络文艺发展的目标与方向，这就为网络视频发展带来巨大活力。作为破除传统，打破僵化的、固有模式的新文化产品，网络视频从思想意识、文化诉求、情绪表达及解构现实等多方面满足信息交换、经验交流、群体的寻觅，成为现代青年们的热爱。

与传统媒介的话语逻辑不同，网络视频发展依托互联网时代科技进步，以自身独特优势，成为有效推动视听媒介良好发展的主要工具，从非主流走向主流，从新文化产品创造新商业消费模式，带动网络经济的巨大增益，影响甚至改变着人们的精神文化需求方式，尤其是完全打破传统媒体的收视习惯，并开始从网络对主流电视台进行"反哺"。网络视频，在网络空间，深刻地解构着当下中国独特的网络文艺景观，并裹挟着资本的力量不断创造奇迹。

在网络视频各大平台拼命搏杀、跑马圈地之时，网络视频不断地演化和升级换代令人不禁深思：互联网如何造就网络视频？网络时代视频如何不断推演？网络视频发展如此迅猛，思想的洪水猛兽如何监管与有力引导？未来，网络视频的产业布局究竟何去何从？带着系列问题，本章进行逐一梳理。

一、网络视频产业现状分析

（一）什么是网络视频

所谓网络视频，是指以计算机或者移动设备为终端，利用QQ、MSN等IM工具，进行可视化聊天的一项技术或应用。网络视频一般需要独立的播放器，文件格式主要是基于P2P技术占用客户端资源较少的 FLV 流媒体格式。

2005 年 12 月，一段经由电影《无极》改编的视频《一个馒头引发的血案》在网络走红，该片仅 20 分钟，可无厘头的对白，滑稽的片段剪接，另类搞笑的广告，开创了全新的娱乐方式，草根文化进入大众视野，并引发人们对网络视频的关注和视频爱好者的竞相效仿。作为国内网络视频的鼻祖，当年，其关注度、话题感、下载率甚至远远高于电影本身，由此产生网络热词：恶搞。

2010 年起，被称为中国第一部微电影的《一触即发》、筷子兄弟的《老男孩》、桔子酒店《十二星座》《四夜奇谭》《女人帮》《梦骑士》等大量有故事情节短片出现，引爆中国网络视频发展。

（二）网络视频产业演变

据中国互联网络信息中心（CNNIC）发布的《中国互联网络发展状况统计报告》显示，截至 2018 年 6 月 30 日，我国网民规模达 8.02 亿，互联网普及率为 57.7%。网络视频用户规模达 6.09 亿，较 2017 年年末增加 3014 万，占网民总体的 76.0%。手机网络视频用户规模已达到 5.78 亿，较 2017 年年末增加 2929 万，占手机网民的 73.4%。

作为网络文艺众多形式中的一员，网络视频呈现着独特的发展态势，不仅在形式上，也在内容上发生着越来越多、越来越丰富的演化。

1. 微电影

微电影是指微型电影，又称微影、小型电影，因时间短、制作时间少、制作周期短而得名。是在网络时代的电影 + 网络短片基础上衍生出来的小型影片，在此之前，一直被作为国内专业院校的学生短片作业。

微电影具有完整剧本，完整故事情节和观赏性，有较为专业的导演、演员和拍摄团队、舞美灯光等，可涵盖喜剧、爱情、惊悚、悬疑、搞笑、动作等所有电影类型，与电影相比只是体量较小，投资多为几万元或十几万元不等，播映平台为各种新媒体平台，时间约在30秒到40分钟，以短小精悍的形式满足了观众的娱乐需求，适合普通观众在移动状态和短时休闲状态下欣赏，充分满足碎片时代碎片化阅读的需求。①

一般微电影有两种：一是草根拍摄，只为了说出自己心中的故事，重在自我精神和艺术的表达。如《老男孩》《父亲》《许愿树》等。二是为广告特别定制，包括某种产品或某个地方做宣传。如《梦骑士》《母亲的勇气》是台湾大众银行宣传，《66号公路》和《一触即发》是凯迪拉克汽车的宣传广告，包括泰国微电影《一碗蛋炒饭》《无声的爱》《我的爸爸是骗子》《乞丐的报恩》等，以动人情节，让广告披上隐形外衣，走向软性传播时代。

这种传统广告手段的升级，电影与广告元素的交融，以不是广告的广告形式进行传播，在广告商和消费者之间找到商业与艺术完美平衡的支点，成为软性化广告宣传的新生事物，并迅速成为吸引人眼球，引领广告革新的新趋势。

此外，不可否认的是，微电影开启了国内影视产业新趋势，它的出现，打破了传统电影局限，降低了影视门槛，走出电影神圣的象牙塔，走向了大众。不仅使有电影梦想的人可以通过拍摄微电影实现自己的光影梦想，更是为国内众多影视从业人员带来实现"触电"、实现梦想的机会，

---

① 李科. 试论微电影的兴起与发展 [J]. 电影评介，2012（8）：20.

并在此过程中锻造一批能演、能编、能拍的影视从业者，成为"影、视和网络视频"产业的创新。而随着各大视频平台的竞争，不断推出的导演计划和各地越来越多的微电影节、电影展的举办，优秀作品不断增加，一些专业导演也深受影响，加入创作更有意义或更有话题的创作中。如彭浩翔导演的《四夜奇谭》、筷子兄弟的《老男孩》、管晓杰导演的《青春期》《11度青春系列电影》等，这些优秀的微电影创作，让小人物的故事得以顺利拍摄，并通过网络视频平台到达网络世界的各个角落。

但是，由于微电影的盈利模式以定制为主，内容较多是激励人心或正能量公益片、剧情片，取材类型较为雷同，质量也参差不齐，无论点击量如何，都无法产生具体效益和资金回收，仅凭艺术和情怀无法满足公司生存和持续投资需要，况且微电影虽小，却对剧本、故事、创意有着更高要求，在人才、资金、内容都极为短缺的客观条件制约下，微电影转型在所难免。

2. 网络大电影

2014年，爱奇艺首次提出网络大电影的概念，微电影行业逐步转向"微电影+"的新形态，即网络大电影（以下简称"网大"），又称新媒体电影。爱奇艺首创网大标准化概念后，在其支持下，实现点播付费分成机制，得以真正实现资金变现回笼。以网大《道士出山》为例，2015年4月在爱奇艺等网站上以付费的方式播出，上线两天票房达到28万元，短短4个月达到2600万元。由此，此前积蓄的微电影制作力量全部进入网络大电影生产，网大迎来爆发式增长。

网大主要是指超过60分钟，具备完整电影的结构与容量，通过互联网平台发行的网络新媒体电影。前六分钟免费，观看全片需要付费或会员充值。网大多由团队自行组建、自行筹资、自行拍摄,拍摄时间几天到半个月不等,制作周期相对较短,投资规模几万元到几百万元不等,也可以在电影院上映再反向售于平台播映,平台分账以影片质量、演员阵容、故事性和点击率衡量,支持付费的视频平台有爱奇艺、优酷土豆、乐视等。

作为具有超强变现能力的新的艺术形式,网大一度在视频市场上异常火热,据爱奇艺提供的数据显示,2015年网络大电影全网上线超过650部,其中爱奇艺上线622部,约占全网的95%;2016年网络大电影全网上线超过2000部,其中爱奇艺上线1800部,约占全网的90%;截至2016年年底,网络播出电影数量超过6600部,其中网大3100部,流量超过150亿,TOP20分账票房三年增长32.9倍。

纵观近几年网大发展,不难发现,相比电影政策,网大监管审查制度相对宽松,所以,网大"六分钟游戏"充斥着大量低俗、色情、惊悚、打擦边球、抄袭内容,竞争的加剧也使行业颇为混乱,网大几乎成为劣质、低俗电影的代名词。然而,随着大众观影消费模式的日渐成熟,国家管控审查力度的加大,更多人才的入局和精品化创作需求,网大逐渐进入题材宽泛、创作多元的新境地,迎来从"量变"向"质变"的转变,主创、演员阵容不断升级,如导演王晶、高群书、张国立,当红艺人包贝尔、张艺兴、张一山、郑伊健等全部入局。并且,自2016年起,网大创作开始面向具有延续影响力的原生IP,不再只做一锤子买卖,仔细观察爆款可发现,《山炮进城》《血战铜锣湾》《四平青年》系列都非平台自制,而是由新片场、淘梦、映美传媒等一批制作能力强大,宣发经验、资源丰富的优质纯网生公司制作。大师级创作者加盟、专业电影人加入、高研发价值的 IP 作品改编增多，网大的投资规模、制作标准向中小成本院线电影看齐，真正变成拼质量的类电影内容角逐场。

2017 年 3 月 1 日，《电影产业促进法》正式全面实施，网大与院线电影审查标准统一。未来，网大内容为王，优胜劣汰成必然趋势。

3. 网络剧

就在微电影大行其道之时，一批年轻的制作团队瞄向网络迷你剧。因为，快节奏的生活让人们难有大段时间追剧，而迷你剧的天马行空、脑洞大开和喜剧特色让很多年轻人为之着迷。尤其是《屌丝男士》《万万没想到》《报告老板》《暴走大事件》等系列短剧开播。无论是剧中各种经典搞笑的台词还是剧中人物丰富呆萌的表情，都一度成为网络上交流的流行用语和流行表情，剧中的独特风格，搞笑不断，一路引领网络新潮流，受到众多网友粉丝的喜爱与追捧，可谓星星之火拉开网络剧的大幕。

视频网站播出的作品版权问题一直是各大平台可持续发展的首要问题。2010 年，国家广电总局《关于印发广播影视知识产权战略实施意见》通知的实施，规定各家视频网站不得不对自身版权问题进行大规模整改，大量删除盗版、无版权影视作品，加大对自身监察监管，以适应越发严格的监管措施。但由于购买正版影视版权需要巨大的财力、物力和人力，在购剧成本越来越水涨船高的环境下，视频网站发力自制网络剧成必然趋势。尤其在 2014 年，美国 Netflix（奈飞）视频网站自制剧《纸牌屋》掀起网络剧狂潮，开辟出视频网站自制剧的新鲜玩法；2015 年，国内《太子妃升职记》让乐视网站观看视频的付费会员数量大增，为视频网站的发展注入一道强心剂，开始通过自制剧手段吸引更多会员付费。

在平台的支持和导流下，热钱很快流入以往令业内人士嗤之以鼻的网络剧，网剧市场立刻成为充满潜力、充满诱惑待开垦的处女地，业内人士纷纷把目光投向此，如火如荼般开始大规模市场开发。因此，《余罪》《法医秦明》《灵魂摆渡》《老九门》等一系列项目大热，多部网络剧播放量破20亿，其中爱奇艺自制网络剧《老九门》的播放量超过百亿，占爱奇艺总播放量的一半以上，网络剧迎来了"黄金时代"。

在专业人士和资本市场不断涌入下，网络剧的制作成本也不断攀升，再创新高，仅以网络剧《无心法师》为例，该剧投资成本4000万元，其中特效800万元，制作精良，创下7.1亿人次的播放量，豆瓣评分8.6分，口碑与流量俱佳。

与此相对应的是，观众口味的不断变化，平台紧跟市场的精品创作理念，"一剧两星"的压力使传统电视台深陷经营体制困局，结果更是将传统影视剧推送至网络平台的怀抱。如2018年暑假爆火的《延禧攻略》，原本以电视剧取得备案资格，可由于价格、档期等多种原因转投爱奇艺平台，结果全网播放破100亿次，占全网连续剧正片播放市占率15.13%，微博热搜词276个，累计上榜400+次，播放量、口碑评分、舆情热度突破2018年最高纪录，大大夺走此前期待已久的大热剧《如懿传》的热度和风头。另一方面不难看到，网络播映剧能够做到平行时空，多部同上，在抢时机、抢机遇、抢话题、抢流量及灵活运作等方面，网络视频剧远远优于传统电视台单一时间，被动选择，选择单一。因此，在网台竞争关系白热化的今天，视频平台在精挑细选精品内容方面掌握了更大的主动权，网络剧与电视剧的界限和差距越发模糊。

当今，中国的网络剧付费市场是全球第三大视频付费市场，依托朋友圈和关系网，网络剧更能轻松触发流量裂变，可随之而来的是市场和观众越加挑剔、审美越发严苛。原先，总体量不过百万早已无法满足观众的期待，网络剧的单集成本也在不断攀升，如果说网剧 1.0 时代是《万万没想到》为代表的高创意、低成本迷你剧；网剧 2.0 时代是由段子剧向剧情转变；那么，网剧 3.0 版一定是投入大、制作精良、分众化明显的超级网剧。仅 2015 年开拍的《盗墓笔记》单集成本就已飙升至 548 万元人民币，随着各大视频网站争夺付费用户的战役进入白热化阶段，单集制作成本达到千万元人民币水平的网络大剧一定会出现。

当下网络剧正大步迈向"正规军"行列，发展渐入佳境，口碑剧集正在打破网台媒介的限制，网络剧的成长空间还在不断延展。未来还将有更多专业制作公司、人才、资本等加入，广告主将对网络剧有更持续的关注和投入。但同时，由于国家加强对网剧的监管，《心理罪》《灵魂摆渡 2》《盗墓笔记》《灭罪师》等含有大量恐怖、灵异情节的网络剧被下架。因此，网络剧在制作精良的趋势下，在审批严格和有力的政策监管下，也将更加规范化。

4. 直播

用尼葛洛庞帝[1]的话说："在网络上，每个人都可以是一个没有执照的电视台。"提到网络视频，一定绕不开直播。网络视频直播是指人们通过网络直接收看到远端正在进行的现场音视频实况，比如会议、培

---

[1] 尼古拉斯·尼葛洛庞帝（Nicholas Negroponte），是一个美国计算机科学家，最为人所熟知的是麻省理工学院媒体实验室的创办人兼执行总监、美国麻省理工学院教授，《连线》杂志的专栏作家，也是多媒体实验室的创办人，被西方媒体推崇为电脑和传播科技领域最具影响力的大师之一。

训、赛事等。网络视频直播的核心思想是利用互联网高速传输技术实现对音视频信号的实时传输，并且能够使在远方的人通过互联网实时流畅地观看。而据《中国互联网络发展状况统计报告》显示，截至2018年6月，我国网络直播用户达到4.25亿，较2017年年末微增294万，用户使用率为53.0%。

网络直播最初缘起于游戏、电竞等赛事的现场播报，具有实时、快速，直观，交互性强、有效延长拓宽了时间、地域和空间等诸多优点。随着互联网技术发展，网络受众需要具有更强交互性、实时性、直观性的视频形式，YY直播率先抢跑，最先成为发展速度最快且占据主要地位的视频直播平台。后由于网红概念引入，平台付费、打赏功能日渐完善，直播商业化模式不断变革。

2016年，被人们称为"中国网络直播元年"。除映客、花椒、斗鱼这样的原生直播应用，秒拍、美拍、B站等各种视频社区也纷纷嵌入直播功能。直播平台从PC秀场直播到移动直播，从游戏直播再到泛娱乐直播。当年，在线直播平台数量超过200家，网红经济的激增，网络直播的市场规模近90亿，网络直播平台用户规模达2亿，活跃在这些平台的主播更是数不胜数。泛娱乐的趋势下，形成移动全民直播之势，除了传统的游戏、唱歌、跳舞等可进行直播，连睡觉、吃饭、编程序都可成为直播内容。[①] 直播平台纷纷跨界，涉足户外、体育、科技等多个领域，多元化发展；其他垂直类直播则在自己的游戏类、秀场类、泛娱乐时尚类，包括美妆、体育、健身、财经等领域深耕；秀场直播则依靠

---

① 王江山. 透视中国网络直播当前的问题与发展趋势[J]. 新闻研究导刊，2016（13）：321.

美女经济，充分展示跳舞、唱歌、乐器、才艺展示等直播内容，获得长足发展。

在依靠网红成为移动时代新的巨大流量入口，享受着流量狂欢的同时，200多家直播平台的厮杀混战加速了行业洗牌。现阶段，视频直播的主流主要集中在电竞和网红上，今后可能更多行业都可借助视频直播实现电商融合，如直播+电商、直播+体育、直播+在线教育、直播+秀等多种形式，视频直播的"全民直播""移动直播""视频社区"等概念功能和价值越来越被用户重视，而这恰恰是商业变现的机会所在。"微直播"在诸多领域中都具有积极作用，互利共赢的营销方式吸引一众明星和名人加入，也引来诸多品牌商为其进行广告投放和商业赞助。直播产业链布局越齐全、调动资源的能力越大、平台可承载的内容和功能越多，网络视频直播趋于市场化、产业化。①

但是，由于平台急速发展，竞争激烈，入驻主播的素质良莠不齐，为博出位，吸引关注，提高热度，主播往往做出很多"惊人之举"，低俗、色情、负能量、争议性话题不断，在国家近期对直播平台整顿后，许多平台进行关停整改，网络主播被禁停。于是，未来的直播平台如何进行有序管理，主播培训管控，如何得到健康良性发展，成为其至关重要的问题。同时，为避免直播平台的用户逃离，部分直播平台正通过引入短视频来救场。比如，映客推出"视频"功能，陌陌也开始引入短视频进行内容沉淀并承担变现任务。"不管用户什么时候打开平台，一段段精致的短视频永远在那里等你。"

---

① 徐怡珠.初探网络直播平台的盈利模式和可持续发展[J].消费导刊，2016（6）：25.

5. 短视频

得年轻人得天下，得草根者得天下，得网生代者得天下。2005年，土豆网开设播客，一句"每个人都是生活的导演"使网络短视频跟随移动终端的发展和智能手机的普及呈爆发式增长。2014年5月，美拍上线后连续24天蝉联APP Store免费榜冠军，并成为当月全球非游戏类下载量第一，足以看到手机短视频的火爆。现在，每天我们都会看到各种各样好玩的短视频，像美拍、今日头条、二更、秒拍、快手等，甚至上厕所的时候，我们都会用这些零碎的时间看看好玩的段子，有趣的故事。

网络短视频的核心竞争力在于用户可将自己录制的视频发到平台上，供更多网民欣赏，以换得自我满足和他人的认同。其中，叫兽易小星、后舍男生、papi酱等通过鲜明的草根形象塑造、搞笑内容的创作活跃在网络上，成功将自己推向星途，让更多的人们开始意识到了视频网站正在向他们提供一种全新的展现自我的平台。

据《2017年短视频内容生态白皮书》显示，截至2017年5月，短视频行业渗透率达23.4%，相当于平均每5人中至少就有1人安装短视频类APP。其中，三、四线城市草根青年和小城主妇占据了短视频整体用户的半壁江山，占比分别达到31.7%和22.47%，0～17岁用户为14.77%，18～24岁用户占比为35.57%。而仅2016年，短视频内容创业方面融资事件已超过30起，融资金额规模高达53.7亿元。随着移动用户碎片化使用趋势的延伸，以及多媒体内容消费习惯的深化，未来短视频市场还将进一步扩大。

毫无疑问，没有一种诚意比金钱更直接、更能打动内容生产者。自 2016 年互联网巨头入局短视频以来，各类平台补贴政策接踵而至：2016 年 9 月，今日头条拿出 10 亿元补贴短视频内容创业者；随后，新浪微博和秒拍称将投入 1 亿美元支持短视频；企鹅媒体平台也随之宣布将拿出 10 亿元补贴优质原创短视频、直播类内容，2 亿元用于投资优质内容团队；阿里文娱推出的"大鱼计划"达 20 亿元，每月 2000 名优秀创作者将获奖金，最高每月达 1 万元。

平台分成、打赏补贴促发了短视频制作者的积极性，作为短视频元年，2016 年，我们不乏看到如快手、陌陌、探探、美拍、小咖秀等各类短视频平台的爆发。多种主题、多种玩法，有萌宠、有舞蹈、有模仿、有合演、有晃咖，趣味各异，形式多样。用户群体也涵盖 7～50 岁的年龄群体。内容更是涵盖生活各个方面，如美容瘦身、健康养生、搞笑段子等。

如果说以往短视频混战是"短兵相接，赤膊拼杀"，那么，抖音的出现可谓"一骑红尘，笑傲江湖"。2017 年，短视频平台抖音的横空出世，来势汹涌，其定位是"年轻人的音乐短视频社区"，特别注重 UGC 模式，音乐和创意突出创作的难度和挑战性；舞蹈和剪辑体现创作者极高的热情和创新力；时长控制在 5~15 秒，保证视频内容不拖沓，质量精良；沉浸式竖屏设计，毫无时间感；后台大数据推送，花样翻新。[①] 很快，抖音日均视频播放量达 10 亿，制造超强的社交集聚、创意集聚氛围，一时间，其他短视频社群都黯然失色。

在"2018 剑网"行动中，国家相关管理部门对违规短视频平台进

---

① 丁毓.抖音：抖出来的黑马[J].上海信息化，2018（2）：72-75.

行整治，以约谈、整改、下架、永久关闭等措施，严肃问责了违规视频平台和问题产品，把抖音短视频、快手、西瓜视频、火山小视频、快视频、美拍、秒拍、微视等纳入重点监察范围。因此，未来短视频平台要实现可持续发展，还需积极发挥自身优势，加强电商、社交、垂直媒体间的合作，扩展外延市场，规范版权授权和传播规则，构建内容生态，构建良性发展的商业模式，真正实现可持续发展。

另外，伴随网络视频平台的发展而出现的网络自制作品还有网络综艺、网络动漫，新闻、综艺节目、广告等形式，DV短片、视频游戏。今后短视频的发展将更为多元化，变现途径将会更多。日活用户的留存率、用户沉淀将成为考验短视频变现能力的试金石。

虽然网络视频行业规模迅速积累，但也呈现出参差不齐的发展势态，给大众带来越来越多样化的娱乐方式，更加富有趣味性，趋向于全面性。但任何一件事情都会经历从无到有，从有到精的过程。作为网络视频新形态，短视频随着当前网络发展走进人们的视野，在其多元发展、升级演变同时，视频质量一定会越来越精细，定位越来越明晰，内容也会越来越有价值，平台会越来越规模化，影响力也会不断扩大，成为人们须臾不离的娱乐信息媒介。

（三）网络视频特点

（1）网络视频播出时间可自由选择，时长也不受传统广播电视节目表限制，更不用担心错过就要等待重播，随时随地自由观看，自主选择，极大方便和满足现代生活的碎片化要求和受众的时间安排。

（2）网络视频具有非常强的互动性，增进受众对视频的参与意识。弹幕技术的推出，让受众在观看所有视频的同时可以把自己的想法实时发表在网络上，有时，反而弹幕里的吐槽或精彩语句能够掀起新的话题点和热潮，这是传统的被动的影视媒介无法达到的。

（3）网络视频的平台都具有强大的检索功能。与传统的被动接受节目的观众不同，网络平台可由受众自己通过检索关键词来找到自己想要的视频，不要看广告可充值会员进行跳过，片头片尾、播放速度都可自主调节、自行控制，真正满足受众喜好和实际需要，相比传统遥控器的换台功能来说，给予受众极大的方便。

（4）海量的网络视频信息。网络上有海量的影视节目信息，包括动漫、短视频、自制综艺等，品类繁多、类型齐全、存储方便，移动互联的共享便捷更是让受众可以随时随地自由选择，实现在线观看。

（5）网络视频内容更加垂直化和多样化，网络剧的垂直化使网络剧的用户画像越加清晰，更全面满足用户内容需求，更利于视频平台提升用户体验与广告的精准投放。

二、市场发展现状

网络视频行业主要涉及三个主体：内容提供商、视频运营商和终端用户。终端用户是指观看视频的受众；视频运营商即各类视频平台；内容提供商是指向视频运营商提供视频内容的企业或个人，包括传统电视台与影视制作公司、专业视频制作公司。多年的竞争磨砺，大浪淘沙，所剩无几的网络视频平台与传统影视媒介发展相比，早已产生质的飞跃，"台网联动"中的"台与网"位置发生根本性变化，很多网络剧前期由新媒体公司投资制作完成，之后向电视台进行反向输送。当前，形势早已向"网台"趋势倾斜。网络视频发展主要呈现以下几种形态。

1. 市场规模爆发式增长

在文化与市场环境、资本以及内外因素驱动下，网络视频呈现爆发式增长。市场极为火爆，吸引大量观众的同时也聚集了资本，正改变着网络视频产业的整体样态。

据《中国互联网络发展状况统计报告》显示，截至 2018 年 6 月，各热门短视频应用的用户规模达 5.94 亿，占整体网民规模的 74.1%；合并短视频应用的网络视频用户使用率高达 88.7%，用户规模达 7.11 亿。

2016 年 11 月，腾讯宣布其视频付费会员数量突破 2000 万，一年增长接近 300%。就连自制的剧和节目规模也屡屡突破了天价。2018 年 3 月 31 日，爱奇艺订阅会员规模已超 6130 万，当然，比起奈飞公司拥有的 1.18 亿会员，中国视频产业整体还有待提升，但由于对网络视频独特内容的需求，中国观众已经逐渐建立付费观看的习惯，用户付费比例持续增长，每月支出 40 元以上的付费会员从 2016 年的 20.2% 增加到了 2017 年的 26.0%，因此，视频发展前景可观。

2. 头部内容高分账模式成型

随着市场发展，基本结束了早期几十家网站并立的混乱局面，基本上划分为 BAT 分别支持的三家视频网站——爱奇艺、优酷、腾讯视频。未来，除非有模式创新的新进者加入这条赛道，否则很难对现有格局形成挑战。

由于BAT雄厚的资本力量，"二八法则"日渐明显，头部平台收割了大部分流量、票房和分账，其中，80%甚至更多的分账被20%的优质资源占据。在直播、短视频等平台情况也大体相同。只有引入大流量才能获得高收益，因此，更加确立"内容是王道"，只要内容优质、用户认可，小投资也可撬动大收益。这对从业者的故事策划水平、创作能力、项目整体运作把控、营销能力都提出更高的要求。[①]与此同时，头部内容霸屏、竞争加剧、更多人才入局、政策监管等市场变化，加之太多的投机者的进入，视频已经由"量变"积累到"质变"的爆发式转变，变为拼流量、比内容、竞技术、占头部的角逐。

3. 多元精品创作成主要趋势

之前，无论是网大还是短视频，多数作品扎堆、抄袭、跟风严重，存在大量暴力、软色情、蹭IP行为。自2016年以来，网络视频更加多元，除喜剧、惊悚、玄幻、悬疑、爱情的常见类型，青春、科幻、文艺类全面开花，实现了多维题材开发。平台也加强内容的筛选，对擦边球、投机的作品提升准入门槛，部分影片因不符合上线标准及平台价值观不予上线。

2016年12月，爱奇艺和搜狐视频相继发布网络大电影"九条底线"和"七条禁令"，加强行业自律，彻底屏蔽"三俗"内容，提倡内容健康、价值观积极向上的优质作品，开始探索科幻片、文艺片的

---

① 王江山. 透视中国网络直播当前的问题与发展趋势[J]. 新闻研究导刊，2016（13）：321.

可能性。如一经推出就广受好评的《海带》《白雾谜岸》《所爱非人》等，从侧面证明，网络影视内容一定会向着积极健康、制作严肃的正轨发展。

4. 与其他板块逐渐打通

一直以来，电视媒体占据强有力的地位，即使"网台互动"战略实施以来，都一直是以电视台为网络平台输送视频产品，然而，随着网络视频影响力的提升，用户规模的增长，网络视频平台蛰伏多年迅速占据流量高地。电视台节目反而要依托互联网思维，以及它的强互动性，才能助燃传统节目创新。

除电视台外，目前最为常见的视频媒体还有楼宇视频、卖场视频、车载移动视频、户外大屏幕视频、航空视频、地铁视频、校园视频等。市场的火爆与资本的介入给网络视频行业带来巨大生机，但作为互联网线上企业依旧需要线下媒介的支撑，媒介间的相互融合，对大众的影响更加广泛。因此，聚屏时代，平台布局不仅要实现多屏联动，更要为线上线下的广告效应、传播效应扩大及扩散影响，因此，视频板块间的互联互通，线上线下的板块互联互通，媒介与媒介的互联互通都成为网络视频的新增长点。

三、面临的问题和挑战

由于用户价值观和选择行为存在多样化、复杂化特征，网民的视频消费、爱好表现也呈现多元化态势。发端于草根的网络文艺，娱乐性和现代性元素极为明显。但是，一味地娱乐、消遣也会带来追求短平快、一味逐利等问题。

1. 内容同质化

由于视频制作成本、精力远远高于以文字为主要内容的网站，所以多数视频平台的内容依靠网友上传，来获取片源内容，虽然视频平台拥有许多会员，但人数规模较为有限，能上传视频内容的更是寥寥无几。最初，为提高站内的人气排行，会员通过软件直接把精彩视频"复制粘贴"到自己所在的网站平台，这种大批量的"复制粘贴"虽然快速地丰富站内视频，却非常容易出现严重重复现象，造成同质化。而平台也会以用户上传为名，滥用"避风港"规则对他人作品进行侵权传播等版权问题睁一眼闭一眼。还有甚者，靠着刷点击率，炒高虚假数据催生出的虚假繁荣，最后可能由不知情的投资者或网友埋单。

此外，近年来，跟风创作、追热点、蹭IP现象扎堆，包括短视频创作，也是什么热追什么，往往一个题材、一种内容被重复很多次，所以，要特别警惕这种类型题材严重的同质化现象，导致观众审美疲劳甚至是透支题材的生命力。

2. 很俗很黄很暴力

纵观流传度很广、点击率很高的网络视频，既有《乌龙山剿匪记》《中国队勇夺世界杯》《黄健翔激情解说》这样恶搞版的视频，也有成龙的 DUANG、雷军的 Are you ok？这样"鬼畜"的视频类型，还有一些会员或主播为赚取点击率而宣扬上传一些有关色情、暴力、污秽的内容。由于部分网友的猎奇心理，有些含有色情内容的短片、视频或直播，浏览量竟然高达上百万次，大量很黄很暴力的三俗内容不断出现，部分网站则为追求所谓"人气"对此熟视无睹。还有一些境外网站的服务器里存放着大量杀戮、死亡、解剖、自杀、虐杀等主题的内容。

此外，还有主播为博粉丝一笑，另类新颖的直播方式层出不穷，利用危险直播来引起人们的关注，如"高空极限"第一人为打赏坠亡、录制喷火引燃自身等新闻比比皆是，引发的悲剧也不在少数，这些都成为不利于网络视频的健康发展的不良因素，潜移默化地诱导着不良文化思潮的出现。

3. 版权问题

由于平台制作基因欠缺，自制剧集和综艺节目其实多来自与外部内容团队的合作，剧集的质量更多取决于制作公司的水平，作品质量难以保证。网络视频中还有很大一部分内容是截取影视、音乐片段制作而成，但平台方表示，网友上传作品以分享和娱乐为目的，没有涉及商业用途，如有版权问题，经调查核实后，会立刻将侵权内容删除。但由于平台资金投入与产出存在的矛盾，因此，大部分对侵权行为会保持缄默及宽容态度。即使版权方追究责任，视频网站则可以与其他网站一样，删除侵权内容即可。但不可否认，版权问题是网络视频发展中的隐患，一旦深究，平台方将付出巨大代价。

4. 如何实现盈利

自网络视频平台在中国崛起后，融资、烧钱、亏损的循环道路就一直伴随着整个行业，除各大风险投资公司提供大量的资金外，平台盈利模糊，无法达到收支平衡。仅就爱奇艺 2018 年第一季度销售分析，第一季度营收增长了 57%，达到了 49 亿元，但同时亏了 11 亿元，亏损率在 22%，比 2017 年同期已减小亏损。目前，国内的网络视频会员市场、收费市场都待培养，规模较小，作为重要资金来源的广告收入虽然已取得进步，甚至大有超过传统媒体之势，但比起庞大的会员付费市场、版权付费和庞大的内容开发高额成本，收入还不足以支撑庞大的体系开销。所以，一时的火爆还不能成为一个成熟的商业模式。

5.用户黏性如何保证

据《2017中国视频付费市场研究报告》中显示，超过半数未付费用户由于对网络视频内容的需求不够强烈，选择等待视频资源免费后看，超六成未付费用户未来也不考虑付费。如果一家平台提供付费内容给会员，而其他平台却选择免费+广告的模式，那么这家平台原先的非付费观众一定不会购买会员，而是转移到其他平台，而且极有可能随着会员的流失而失去支柱性的广告收入。"电视剧更新时间长，大型连续剧要一两个月才能更新完，会员每个月都要续费。更何况，热播的电视剧资源更好找，微博、微信公号、朋友间互相共享，不难免费看视频。"[1] 面对热爱新鲜刺激又如此"现实"的网友，没有人愿意承担破局的风险，只有持续不断地更新优质内容、技术翻新、频出新招才能加强会员黏性。留住付费会员，走出囚徒困境任重而道远。

四、行业发展的新趋势

2006年，当谷歌斥资16.5亿美元收购YouTube时，就已经预测到互联网世界即将发生的巨大变革。今天，网络的交互性为网民提供了自由的空间和空前的权力，发布消息和接收消息的主动权牢牢地抓在了广

---

[1] 在线视频付费时代已经到来[N].中国青少年报，2018-01-30.

大的网民手中。网络视频这种顺应大众需求的全新的网络生活方式，主宰网络世界的能量越来越巨大。同样地，作为新生事物，其发展也面临着竞争激烈、同质化严重、没有盈利等诸多问题，所以要认清趋势，通过各种途径来改变这种不良的生存状态和发展状态，使网络视频平台及内容健康发展。

（一）政府全面管控，网络视频行业进入理性发展期

2015年以后，网络视频平台变得相对沉寂和平静，爱奇艺、优酷土豆、腾讯视频、搜狐视频等视频行业的主要参与者们已经基本完成了由PC端向移动端的用户过渡，"移动互联网+"时代到来。

2017年，国家把网络视听产业作为文化产业规划重要组成部分，视为拉动新需求、促进新消费、培育新动能的重要领域。出台的一系列法规政策和规划意见，不仅明确了媒体融合与视听传媒发展的推进方向和主要任务，更是为未来五年媒体融合和视听新媒体发展描绘了路线图、时间表。

在经过市场淘沙和政府的出面干预后，针对盗版泛滥、诱导未成年人，渲染色情、暴力、赌博、恐怖活动的处罚将更加严重，情节严重将被吊销运营资格，中小型和不规范的网络视频平台出局几成定局，保障了市场健康有序发展。而历经多年的移动端决战后，各大视频网站、直播、短视频平台都基本找到各自位置和行业地位，大量的中小平台由于后续资金匮乏已经出局或濒临倒闭。暂时的偃旗息鼓，掩饰不住竞争市场的暗流涌动。直播风口过去，短视频正值上升期，未来，拥有了广大

的市场和成熟的技术支持，它的发展前途是十分光明的，但发展道路依然是曲折的。

（二）以人性为本，矩阵化的布局

在网络时代，一切文艺形式都在逐渐"变身"，这是时代的需要，也是人民的需求。这就要求创作者们依靠自身的努力，改变思维，真切体会网络对社会的价值与特征、网络对人们生活与思考方式的改变，始终站立于网络潮流之前，形成敢为人先的新进思想，创作出来源于生活并高于生活的作品。这对于大多数从业者而言，目前仍是一项艰难的挑战。

为什么网民会热捧原创视频呢？首先，原创视频的草根属性更易吸引网民观看，与影视剧和精致的节目相比，视频网站的原创视频看上去似乎很粗制滥造。业余的手机或DV或许无法跟专业摄影设备相比，但他们记录的是最原汁原味的、最真实、最接近人民群众的生活，让人备感亲切，又不失有趣好奇，这种真实感直观且比文字和图片更具震撼力。其次，原创视频往往记录着有新闻价值的纪实性事件，更为直观了解新闻的第一手资料。如车祸、台风、灾难等，被网友手机直接记录发布，解决了记者不在现场无法实时报道的问题，扩展了新闻源头。如2017年年底，新京报《局面》视频跟踪采访日本留学生江歌被杀审判案，引起社会热议，这个节目也得到广泛关注，收获84万粉丝。

我们所说的中国梦正是由每个具体细微的人的梦想构成，持续关注草根的力量，变短的是视频长度而非信息量。因此，坚持网络视频主题性矩阵化布局，重视轻剪辑、深阅读，视觉上，采用影像式的故事语言拍摄，才能做出好品质、真性情的好作品。

（三）多元盈利模式，注重持续的优质内容生产能力

网络文艺还有一个显著特点，就是既要"接地气"也要"高大上"。以前大多数视频网站发展一直被宽带、版权成本和盈利模式单一所困，但随着"互联网+"的垂直或横向渗透，激发了市场活力，减少外部购买，加强自制节目，发展PGC成为重点。搜狐视频早已于2014年年底时就明确表示：将更多的搭配自制王牌节目。凤凰视频也明确将纪录片频道打造成自身最核心的内容。凭借历史、军事、社会和人物等方面纪录片的丰富积累来持续强化纪录片方面的优势地位。

当然，不得不承认，网站组建自己的制作团队，在平台背景下运营，在保证质量的同时，更加兼顾平台的需求。但在老牌影视公司纷纷开始试水网络内容制播时，平台制作方制作能力尚有欠缺，进入上游阶段要在内容把关、制作周期、艺人合作等方面反应更迅速、灵活，而专业力量的入局能够提速视频升级、精品化推进、数据透明，从规模、题材、输出渠道、制作模式、付费驱动机制等多个维度推动利润的爆发式增长。

所以，最终网络视频应在全产业链模式上进行大力开发，在内容立项之时就应开始思考文学、电影、电视、游戏、动漫、图像、短视频、音乐、衍生品等线上及线下开发路径上的取舍和节奏控制。全产业链模式几乎成为好IP的开发标配，能够充分实现各产业链的高效联动，蓬勃发展指日可待。

五、产业发展建议

（一）加强政策规划建设

从国家顶层设计到网络文艺创新，从国家机关到网络平台，针对网络视频产业发展态势，一场关于"筑造中国文艺高峰"的大变革势在必行。对网络视频管理进行监管与规范，使其沿着健康有序的轨道发展，有关网络视频的部署规划也越加明朗和清晰。

2018年7月，国家网信办会同工信部、公安部等六部门针对网络短视频展开集中整治，对于格调低下、价值导向偏离和低俗恶搞、盗版侵权、"标题党"等突出问题，依法关停"内涵福利社""夜都市Hi""发你视频"3款网络短视频应用并做出应用商店下架处置，联合约谈"哔哩哔哩""秒拍"等16款网络短视频平台相关负责人，对其中12款平台做出下架处置，依法处置了"内涵段子"等19个网络短视频应用。在网信办督导下，网络视频平台进行自查自纠，共封禁违规账号113万多个，查删拦截有害短视频810万条。巡查力度之大，范围之广，清理"三俗"内容之决心，都是前所未有。

未来，构建良好的产业生态至关重要，管建并举的措施不可或缺。要推动网络视频行业绿色健康发展，还需坚决屏蔽违法违规信息，坚持政策的正面扶持、引导和规范管理，不断完善监管体系，呼吁社会各界积极参与，弘扬主旋律，传播正能量，共同维护网络信息传播秩序，营造健康积极、风清气正的网络生态空间。

（二）积极培育技术创新

网络视频作为网络文化的重要形态正在中国的互联网市场蓬勃发展，成为越来越多网民的休闲选择，极大丰富了人们的精神文化生活。作为文艺和市场接轨的典型代表，为了给广大群众提供更多更好的"精神食粮"，网络视频产业应该加倍重视"工匠精神"，打磨互联网文化产品和服务，钻研技术革新、技术创新和产品更新，尤其深刻认知并精准运用人工智能、VR/AR、智能语音、多屏连接、高清投影等技术，将更鲜活、更丰富、更立体的表现方式融入互联网视频的发展，去覆盖手机电视、IP电视、公共视听载体、互联网电视、移动多媒体等网络视听全业态。

（三）不断完善监管体系

相对于传统的文字、图片、声音，声画合一的视频具有视觉冲击力强，信息传递更直观、更多元，社会影响力更大的特点。第四届中国网络视听大会上，网络文艺尤其是网络自制剧、网络大电影的监管，未来和内容创新等成为嘉宾们关注的焦点；前面也多次提及，国家有关部门对于非法抓取、拼剪改编视听节目的行为，存在的突出问题，开展了系列专项治理行动，不给存在版权问题、导向问题、内容问题的拼剪改编视听节目提供传播渠道。

传播正能量不仅是党和国家的号召，是人民群众的呼唤，更是视频平台可持续发展的坚强动力和重要契机。对于不顾道德底线和职业操守，或歪曲历史，或恶搞经典，或丑化英雄，以令人难以接受的方式传递着错误的价值导向的平台或个人，就应严格按照相关法律法规，加大惩处力度。另外，视频企业自身也要加强日常监管，切实履行企业主体责任，调动平台力量，整合平台资源，加大正能量内容的供给，提升平台内容的质量，对各类节目接受冠名、赞助等方面进行规范管理。

（四）大力加强队伍建设

网络视频全产业链的形态、业态和生态的良性竞争和持续重塑，相伴相生。在网络视频变局的一轮轮洗牌中，通过掌控播放、流量和赢取网生代的网络战略平台，正朝着投资更高、制作更精良的方向发展，与资本对接更加紧密。市场驱动下，网络视频人才日益年轻化现象越发严重。

一方面，各地宣传文化、信息网络主管部门要有意识、定期地加强对网络视频从业人员的政治素养和业务能力的培养，平台方加强监控和管理。另一方面，作为网络文艺中的视频生产者、创作者，还要多深入实践、深入生活、深入群众、深入网络，不断汲取营养、提升艺术素养。随着时代创新、生活创新，也要对自己的艺术个性不断进行创新，拒绝粗制滥造，创作出更多无愧于民族、无愧于时代的文艺精品，在网络上弘扬中国精神、传播中国声音，凝聚中国力量。

（五）推动优秀作品生产

人是万物的尺度。艺术无国界，优秀的文艺作品，一定能让我们看到人性的光芒，一定能从个人的境遇看到群体的生存面貌。无论是影视作品、网络短视频还是直播，归根结底都要讲述事件背后的人，不仅要有结构、有技巧、有艺术的美感，彰显独特气质，更要具有非常强的故事性、真实性、互动性，既要利用现代技术的优势，吸引更多的观众，又要打破传统行业壁垒，发挥凸显时代、记录时代、感动时代的作用。

在中国文联第十次全国代表大会、中国作协第九次全国代表大会开幕式上，习近平总书记强调高擎民族精神火炬，吹响时代前进号角，筑就中华民族伟大复兴时代文艺高峰。这为整个中国文艺擘画了一个宏大的格局，为网络文艺勾勒出一个庞大的蓝图。搭上精品化发展的快车，商业化探索过程摸索有效体系，为整个产业链甚至是泛娱乐布局带来全面的升级，网络视频正在发挥自身强大的能量调动泛娱乐生态联动，以用户为中心的产品思维结合让各方回归内容本质。

尼尔·波兹曼[①]曾在其著作《娱乐至死》中告诫人们：毁掉我们的，不是我们所憎恨的东西，而恰恰是我们所"热爱"的东西。面对眼花缭乱的各种"泛娱乐化"现象，重温和思考这种理性之声，很有必要，也很有价值。把弘扬社会主义核心价值观始终贯穿网络视频的策划、制作、审核、推荐等过程中，积极传播正能量，自觉抵制低俗不良内容，主流媒体不能缺席，主流舆论不能缺席，营造一个积极健康、营养丰富、正能量充沛的网络视频空间不能缺席，相信未来，网络视频产业升级一直在路上。

---

① 尼尔·波兹曼（Neil Postman，1931—2003），世界著名的媒体文化研究者和批评家，生前一直在纽约大学任教，首创媒体生态学专业。2003年10月去世后，美国各大媒体发表多篇评论，高度评价波兹曼对后现代工业社会的深刻预见和尖锐批评以及他对媒介文化的深刻洞察。主要著作：《娱乐至死》（Amusing Ourselves to Death）、《童年的消逝》（The Disappearance of Childhood）等。

第四章　E时代动漫电影在传统粤剧传承中的新探索

广东省广州市文学艺术界联合会　刘妍

广府文化中最具文化特色的文艺类型之一粤剧，长期以来遭遇观众老龄化式微的尴尬。当动漫邂逅粤剧，两者融合改革创新融合之路，似乎粤剧发展迎来了新的机遇。新世纪以来，作为一种基础性构型力量，互联网改变着包括文艺思潮在内的各种社会政治经济文化思潮，并为其提供新的滋生平台和传播阵地，深刻制约着各种社会文化思潮的样式形态，媒介垄断被打破，已从精英化到世俗化的整体转向。党的十八大以来，改革开放四十年的今天，互联网内容与文化建设任务和项目中明确指出，新时代"互联网+"大背景下，推进"网艺出海"，即优质网络文化走出去推介工程，中华优秀传统文化如何以新型艺术生产方式来表征时代生活、表达现代性体验和思想感情的审美艺术形式？传统经典粤剧《刁蛮公主憨驸马》动漫电影改编正是依托本土文化与新媒体新技术的创新融合发展，创新受众喜闻乐见的表达方式，影戏融合的"跨媒介叙事",是电影本体和戏剧美学的融合,成为新时代优秀网络文艺"出海"的新探索。

一、"互联网+"背景下文艺的必由之路

(一)改革开放文艺思潮的嬗变

世界首部粤剧动画电影《刁蛮公主憨驸马》讲的是西戎北狄借口凤霞公主嘲笑其两使臣驼背、跛足有辱国威而兴兵侵犯中原。三关元帅孟飞雄破敌擒将,因公主嘲辱使臣招来外患,于是回朝请旨究罪。凤霞公主聪明秀丽,深为帝后骄纵,金殿上先是唇枪舌剑,折服了两员北狄俘将,后又伶牙俐齿,辩赢了孟飞雄请旨追究罪责的诉求,令孟为之倾心。公主也看上了孟飞雄的智勇轩昂,并当庭自作主张钦定驸马,父皇、帝后降旨许婚。大婚之日,驸马憨犟,公主刁蛮,遂使良宵虚度,公主逼迫父皇悔婚,孟被贬出家。禅师斡旋、开悟下,这对小冤家终成恩爱夫妻。

《刁蛮公主憨驸马》动漫电影初次以动漫电影形式演绎粤剧传统剧目的方式,演绎了一个倡导夫妻、家庭、邻邦以"和为贵"的主题故事(见图4-1)。1943年年初,红线女与马师曾首次合作该剧,并在广西梧州首演,受到好评。半个多世纪以来,《刁蛮公主憨驸马》一直是红线女的保留节目之一。面对粤剧艺术越来越不被青少年熟悉的现状,红线女希望寻找一种有效的方式向青少年推广粤剧。2000年,她第一次

提出改编成动画电影的构想，并与编剧着手改编剧本，经过 4 年的努力终于完成。

图 4-1　红派经典剧目《刁蛮公主憨驸马》剧照 1

2009 年，粤剧被列入中国非物质文化遗产名录。有潮水所至的地方，就有粤剧发声，就有喜欢粤剧的观众听众。弘扬粤剧传统文化同时，不能忽略戏剧自身的发展规律和外部因素。历史上，广东的粤剧有过无上的荣光和辉煌，如今呈现萎缩和弱势，当下多种尝试和探索的鼓与呼，并没有从根本上解决广东粤剧文化实质的问题症结。有"砖家"认为，粤剧被娱乐、外来文化侵蚀而备受冷落，年轻人不喜欢拖沓冗长沉闷的腔调；又认为传承的断层问题严峻，粤剧应该退出历史舞台。新时代背景下，作为优秀传统文化的粤剧，义不容辞地全力以赴争取和培养年轻观众，培养优秀粤剧从业人员素质和创作优秀剧本。只有一出好戏才能吸引到更多的年轻人。

从历史文化上看，广东是粤剧的重要的发源地、形成地，广东人的骄傲。一个地方剧种，三百年不衰不弃，名剧名伶辈出，两广地区群众最为常见的娱乐项目，还有分布在"地球村"各个角落两千多万粤籍华侨华人，大多是观看收听粤剧的粉丝。一个粤剧团一年上百场演出是非常常见的，逢年过节，美国、加拿大、澳大利亚、中国香港、新加坡、中国澳门等地区与国家的华人社团，对粤剧团是热烈欢迎的，有名望的粤剧团，声望与经济收入成正比，因此广东粤剧仍有相当大的发展空间。互联网时代，群众获取高质量的娱乐资讯更为便捷和有效，文化消费能力不断提高，艺术鉴赏水平日益呈现多样化和多元化，一味墨守成规，始终无法从困境中找到希望的曙光。粤剧式微大致可以归结为内因和外因。内因与粤剧自身发展密切联系，粤剧行业的从业人才整体素质欠缺和艺术思想观念停滞不前，周而复始形成了惰性和疲软，不思进取，缺乏综合型素质人才。观众自掏腰包入场观影，最重要的是精神内核，要有优秀的剧本，打动人心的好故事。经典曲目《关汉卿》《搜书院》《山乡风云》等，存在重复演出频率过高的现象，在艺术追求和表现手法上早已与当下的新媒体传播手段脱节，导致观众群体流失严重，缺乏年轻观影群体补充。年轻的粤剧编剧与社会大多数年轻人有着共同之处，都希望在短时间内立竿见影、马到功成，追求经济效益，形成浮躁的创作氛围，后继无人是粤剧编剧界面临的尴尬问题。

外因问题归纳为时代发展大趋势带来的挑战。新媒体冲击下，青年人更青睐碎片化娱乐化阅读和观影，如抖音、快手等，青年人爱不释手、津津乐道，容易被流行文化、娱乐资讯、追星文化、大众文化等吸引。

的确，上述娱乐新方式，传播更便捷自由，更容易被年轻人所接纳。往日高高在上的粤剧，一副"皇帝女儿不愁嫁"的大款样儿的日子一去不返。

1. 新媒体新技术带来传播日新月异变革

2016年4月19日，习近平总书记在网络安全和信息化工作座谈会上强调，我们要本着对社会负责、对人民负责的态度，依法加强网络空间之力，加强网络内容建设，做强网上正面宣传。互联网和移动互联网的快速发展使网络平台成为人们消息获取、交流和知识共享的主流平台。"十三五"时期，是承接第一个百年目标和第二个百年目标的重要过渡阶段，也是加快我国网上内容建设的关键时期。提升网络主旋律内容接受度，弘扬网络正能量，打造清朗网络空间至关重要。

党的十八大以来，党中央和国务院高度重视互联网内容建设。我国网上内容建设取得较大成绩。互联网为不同思想与言论的表达提供了一定空间，成为网民的精神家园。互联网内容规制性法律法规的私信，维护网络秩序。多元网络主题共同参与建设，充分发挥了互联网的经济功用、社会功用及政治功用。政务新媒体成为网络舆论引导新平台。网络主旋律和网络正能量得到充分弘扬。网络强国战略，大数据战略，"互联网+"行动计划，加强网上思想文化阵地建设，国家顶层设计为网上内容的建设指明了方向。网上内容与文化建设仍然面临突出问题，主要包括网上信息同质化现象严重；网上理论权威内容不足；网上文化娱乐化趋势明显；网上知识专业科普类短缺；政府网站内容有待提高；网上信息市场秩序需规范；网络内容版权保护不足等。

互联网内容与文化建设任务与项目六大内容中，丰富网上文化产品与服务，对于传统戏剧粤剧而言，任重而道远。主要有以下13个方面，网络文艺创作传播工程，利用优秀网络文化滋养社会；建立网上文化阳光信用用户评价系统；推进网上文化国际传播平台建设；发挥海外网民文化传播作用；继续组织开展优秀网络文学原创作品推荐活动，引导网络文学企业把创作生产优秀作品作为中心环节，推出更多思想性、艺术性和观赏性有机统一的优秀原创作品（新闻出版广电总局关于开展2016年优秀网络文学原创作品推荐活动的通知，2016年6月17日）；结合文化部查出的违法违规互联网文化案件开展互联网文化单位负责人专题培训，强化企业主体责任；完善违规动漫企业"黑名单"，加强网络文化市场信用监督，守信激励、失信惩戒，依法加大处罚力度；国有网络文化企业社会效益首位工程；推进文化走出去优质网络文化内容推介工程，依据不同分管内容，各部委联合进行优质网络文学、网络视听节目、网络游戏、网络音乐等的评选推荐，通过网络新媒体平台将中国影视剧、流行音乐、综艺娱乐节目等推广到全球；网络文化内容审核管理工程，加强对网络剧和网络节目的管理，线上线下统一审核标准，强化网络直播内容的管理，建构网络文化内容评价体系，着力推进主流文化价值观的传承；网络文化创意基金工程，充分发挥中央财政自身杠杆作用，凝聚社会资本合力，推进科技与文化创新，做到重大主题、年度项目提前规划，突发事件和宣传重点配合党和政府的工作需求，发动不同机构、人员积极参与，利用戏剧、视听、游戏、音乐的方式，盘活文化市场资源，促进传播主旋律和正能量；公共文化资源数字化工程/优质内容上网工程；网上公共文化资源数字化工程，逐步建设国家物资和非物资文化遗产信息、少数民族传统文化、国家重要文物、国家档案信息等为主要内容的信息库。同时推动经典文学作品、经典影视作品上网。

网络动漫元素是指互联网产生后,以互联网为主要载体进行传播的动漫电影等动漫节目。截至今日,它的传播形式主要是动漫动画片、动漫表情包、网络动漫游戏、H5 动漫、网络插画等(见图 4-2),一种较好的交流平台,发展迅速,受众面广,受到广大青少年的喜爱和追捧。一部好的动漫电影,能够延续和带动动漫品牌产业链,衍生并带动上游和下游产业链,刺激开发各种衍生品和动漫品牌产品,针对系列大 IP(Intellectual Property)开发,不少动漫品牌衍生产品得到不断开发,如《熊出没》《喜羊羊与灰太狼》《十万个冷笑话》等,网络营销与产品应用所产生的经济价值均过亿元。

图 4-2　粤剧动漫脸谱设计

秉承 2017 年中共中央办公厅、国务院办公厅印发的《关于实施中华优秀传统文化传承发展工程的意见》和《广东省建设文化强省规划纲要（2011—2020年）》精神，积极发展和继承传统文化精髓。

（1）中国早期电影（1905—1949年），在中外文化相互交织、新旧思想彼此对话的错杂语境中，中国早期电影呈现出独特的叙事格局并形成优良的叙事传统，通过曲折的情节设置和动人的情感诉求，电影生产者充分发掘出大量的民族民间故事资源，使电影接受者养成一种独特的类型期待视野和故事消费心理。"好故事"的生产和消费及其互动，构筑中国早期电影的民族气派，大众面向和产业景观。

民族民间故事的选择是中国早期电影的重要特征，通过电影的生产和消费，在错杂的语境中坚守民族意识和个体身份的有效手段，这也是早期中国电影民众维护民族自尊、反思文化传统和寻求精神寄托的重要举措。早期中国电影人为拓展本土电影的生存空间，将老百姓家喻户晓的话本、戏曲、鼓词以至流传在民间的谚语、传说等民族民间故事纷纷搬上银幕，满足中国观众的欣赏审美趣味。据不完全统计，从1905年开始到1949年为止，仅仅出自中国古代四大奇书（《红楼梦》《西游记》《三国演义》《水浒传》）以及《聊斋志异》的"故事"影片应该不下200部（集），根据《琵琶记》《西厢记》《桃花扇》等著名戏曲改编的"故事"影片也不会少于50部；梁山伯与祝英台、唐伯虎点秋香、孟姜女、白蛇传等脍炙人口的民间故事，更是一次又一次地被翻拍。[1]

（2）20世纪20年代中后期至1940年前后，古装历史片再度繁荣，如经典的岳飞精忠报国、木兰代父从军、关云长义胆忠君等壮举，纷纷通过银幕走进观众视野。1940年，因众多制片公司竞相拍摄民间故事片，被当时的权威电影杂志《廿九年银坛纪事》称为中国电影史上的"民间

---

[1] 李道新. 中国电影史研究专题II[M]. 北京：北京大学出版社，2010：37.

故事年"。

意大利诗人和电影先驱乔托·卡奴多在《第七艺术诞生》一文中，首先提出"电影是一门艺术"的理论主张。电影的包容性，海纳百川地将绘画、音乐、歌舞、美术、文学、舞台艺术等有机地融为一体，兼容并蓄使电影成为一种艺术形式，相比其他艺术门类和艺术形式，电影更加凸显出一个国家、一个民族的特色和风俗人情，动漫电影更加注重色彩、情节、音乐、人物性格塑造、美学表达等多维度的艺术效果。

中国动漫电影最早萌芽并出现在20世纪20年代。早期的动漫电影代表作是《大闹天宫》。早期动漫电影的创作题材大都选取我国传统神话传说、文学名著、历史故事等。如民间传说《神笔马良》系1955年勒夕导演的《神笔》创作源泉；《小蝌蚪找妈妈》系1961年以齐白石的《蛙声十里出山泉》为母本；《哪吒闹海》系根据古典小说《封神演义》部分章节改编而成，不胜枚举。改革开放初期，中国动漫电影受他国影响较大，近年来，西化外国化现象越来越少，中国民族元素日益凸显和加重。2018年7月上映的《风语咒》就是一个典型的例子。影片所呈现的民族画风，彰显了中国传统儒家孝道、廉耻等的精神内核，即便在暑期大片扎堆时，院线仍然叫好又叫座。

2008年横空出世的《功夫熊猫》瞬间征服了包括中国观众在内的华人华侨观众，几乎是老少咸宜地全年龄覆盖。票房无须赘述。功夫是中国的，熊猫是中国的，然而《功夫熊猫》却是好莱坞的。带着浓厚好莱坞风格的《功夫熊猫》，精神内核却是地地道道的民族风格。由此产生一个思考，中华优秀传统文化如何与动漫电影相结合，制作真正属于本民族的动漫电影的高原高峰，更有效、更好地传播中华民族的文化、思想。

粤剧面临的传承困境主要原因有，传统社会的地方戏剧受到外来文化冲击，歌剧、木偶剧等西方戏剧和各种融合新媒体的娱乐方式日益被广大青少年所接纳。群众的娱乐不再单调、枯燥、乏味，越发多元化和多样性。近年来，各粤剧团逐渐开展粤剧进校园活动，与高校群团组织紧密合作，开展形式多样、内容丰富的粤剧观演活动，增设粤剧培训班。上述项目题材陈旧，且多以表演为主，与当下年轻人的审美趣味相差甚远。年轻人都不愿选择粤剧演员作为职业规划，"十年磨一剑"来的太慢。

建议：粤剧推广从基层群团组织抓起。年轻人有活力有热情，多鼓励学校建立涉及粤剧的戏曲社团和兴趣小组，由学生自发地组织观演、研讨，从兴趣出发，从本能的喜爱出发，大力培养年轻观众群体。高校的粤剧社团组织成员具备粤剧方面的基本知识，是粤剧专业人才培养的后备人才梯队。

焕发粤剧活力的关键在于创新。时代瞬息万变，适应时代的变迁必须与时俱进。粤剧无法在年轻观众中留下印象，最为关键的原因是部分粤剧演出和粤剧产品无法适合年轻人的口味，这在年轻人中形成了枯燥乏味的印象，自然无法激起了解和学习的热情和兴趣。粤剧若要留住年轻观众，就要求变求新，多推出粤剧的创新产品如粤剧网游、粤剧电视剧、粤剧动画等。在题材方面，多与时代当下接轨，多与生活现实联系。

全方位多角度培养粤剧人才，建立切实可行的培养人才机制。相关部门的资金扶持政策倾斜，专业院校的大力培养，为粤剧表演中各个岗位的人才培养，实现人才的全方位多角度培养和保障，方能有的放矢地促进更多的粤剧职业发展。

2.哈罗德·伊尼斯的媒介决定论

哈罗德·伊尼斯的媒介决定论阐述,一种新媒介的长处,将导致一种新文明的产生。不同的时代都有和时代相适应的媒介形态,和社会现实的互动产生出各自的偏向,从而对社会文化产生影响,而不同的媒介也产生不同的艺术样式。网络的出现扩展消解了媒介决定论的影响。因为传统的倚重时间和倚重空间的分法是建立在时间的耐久性和空间的易传性的基础上的,传统的任何一种媒介都可以划分到二者其中之一。但是网络媒介我们找不到可以归入哪一类,因为网络媒介兼具以上的两种属性。储存解决了时间问题;即时传播的空间易传性。

何谓电影的核心内涵要素?动漫电影、故事电影还是纪实电影等类型电影,其内核均为叙事。从一个国家的文化意识形态体现而言,电影的叙事风格尤为重要。动漫电影与其他类型电影相比,在受众的意识形态、年龄、教育程度、阅历等方面,要求都不高,总体呈现低龄化的倾向,甚至有全年龄段的覆盖倾向。国产动漫电影在叙事风格和文化意识传播有效性等方面都有重要价值。动画作为动漫最初的表现形式,其诞生早于电影。先民很早以前就通过"走马盘"等装置来实现静止动画形象的运动。1877年,雷诺采用活动视镜作为播放装置;1892年,世界最早的动画片在巴黎雷万蜡像馆播出;1895年,电影出现。雷诺的早期动画片就已经具有现代动漫电影中的巧妙剧情、典型的人物、生动的形象以及拼凑的故事情节等诸多特点。戏剧、动画、电影三者结合,即戏剧动漫电影,极大地推动了动画电影的普及和发展,动漫电影作为电影类型片中一个较大分支,从诞生之日起就已经开始推进动漫电影的发展。动漫电影早期始,相当注重人物塑造情节细节表达,加上特技效果的巧妙运用,充分体现了动漫电影所具有的别树一帜的观影效果。

综上所述,叙事是电影的核心,戏剧动漫电影当然不例外。戏剧动漫电影对于文化产业表达,不可避免地传达文化意识,呈现出与其他艺术形式相比电影所表达出来的特征。文化意识形态不同类型、不同题材的电影所表达的差异性。戏剧动漫电影中的叙事风格,从叙事风格角度研究文化意识地表达问题,对于国产戏剧动漫电影叙事风格的观影群体培养和文化意识传播有效性、实用性具有重要价值。

任何艺术创作不可或缺的一项重要能力是想象力。戏剧动漫电影的想象力尤为突出,常规电影大多描写成人世界中的价值取向,当下不少青少年题材的电影中或多或少地、人为地加入了成人视野中的价值观。戏剧动漫电影是反常规、反套路的,动漫戏剧冲突中寓教于乐,从而使动漫电影形成自己独特的表现形态和叙事风格。

运用中国传统戏剧文化元素,以憨驸马与刁蛮公主的欢喜冤家"爱情"为主线,展开了情节的再创造和情感的进一步升华,动漫电影表现手法的引入,充分体现了"中国元素""中国故事"的特点。

戏剧动漫电影中的中国语言文化是深入浅出的,深刻地体现了反传统反封建,生命个体的自我觉醒与追求自我实现、自我价值的独立个性。戏剧动漫电影的传播,说明中国的传统文化正在"地球村"内闪耀光芒。戏剧动漫电影在本土文化的传播上,应赋予更多的"中国元素""中国故事"文化内涵。

戏剧动漫电影是一定时空内的情感艺术表达手段和形式,具有较强的民族性。除了传统文化中精髓伦理文化、审美趣味、文化心理等，最重要的还是选择什么样的艺术载体，艺术作品中怀揣何种本民族、本时代的情怀，才能塑造出何种民族风味的艺术作品。粤剧是两广、海南等地区群众喜闻乐见的娱乐休闲方式，面谱化的人物造型设计，强烈表现出民族性、地方性和戏剧性，是中华传统艺术的继承和民族化道理结合所达到的创新。

中华传统文化讲究意境美、含蓄美、内在美。从美学的观点上而言，意境是艺术中一种情景融汇的境界，艺术家心中的"情"，客观外在世界的"境"，是主客观世界相结合的产物，它是情与景、意与境的相辅相成。

戏剧动漫电影创作是历史性的创新，传统戏剧有其固有的特定"风貌"，是一个个体与群体相结合的过程，是艺术形式的创新变革，选择经典戏剧中"原型""母本"作为创作，遵循"生活艺术化，艺术生活化"的美学观点，是动漫电影创作之路。

戏剧动漫电影的文化阐释主要有两个维度，戏剧动漫电影独具特色的风俗民俗人情世故，是中华民族国家文化内涵的重要组成部分，暂且称为民族艺术。戏剧脸谱的运用就是一大创新、一个"亮点"。中国特有的民族艺术剪纸、皮影被搬上荧幕，更加增添了中华优秀传统文化元素，讲述中国故事的手段更为多元多样。艺术手段方式的加工、再现、夸张等多次加工，瞬间转化为"动态艺术"，是中国传统文化与艺术审美结合所产生的价值体现，深厚的文化底蕴和内涵成为艺术审美中独特价值所在。

展现民族性为主的风格样式还是追求意境美味主的风格样式，高于生活为主的风格样式还是教化为主的风格样式，始终要回归"民族性"这个专有的灵魂中。

影戏融合是"跨媒介叙事"，是电影本体和戏剧美学的融合。电影与戏剧在本质上是两种不同的媒介。美国传播学者詹金斯曾在 21 世纪初提出"跨媒介叙事"①的概念。科技日新月异，新媒体出现和多媒体融合业态的不断深入，"跨媒介"叙事在电影产业中出于高频率地呈现。戏剧作为当下正在兴起的一种新媒介的多样性叙事特点，同时保留了传统电影的叙事特点与基本叙事结构。影片内部增添传统戏剧元素所特有的叙事元素，增加了只有在戏剧中才会出现的桥段和情节；影片外部增添了对戏剧互动叙事学②的采用，与经典叙事学受叙者只能被动接受叙述者的叙事意志不同，互动叙事学强调叙事必须在叙述者与受叙者之间的互动中开展，无疑是在影片与观众之间搭建了一扇互动的桥梁，观众可以通过对电影中的情节或细节的洞察与重新拼凑，最后获得全新角度的连贯叙事体验。

粤剧文化 APP 建设六大步骤主要有文本整理、图像采集、视频采集、音频采集、软件制作、输出呈现。在优秀的多媒体产品中如果只有文字、图片、视频是远远不够的，动画技术作为一种特殊的具有活力的表现力手法，设计软件中可以导入初级编辑完成的动画效果，根据对图像的深加工，对字体、行距、字距、颜色、背景、图片、底纹等进行处理。除了对粤剧主要流派的分析研究传播等外，还涉及最新

---

① 亨利·詹金斯. 融合文化：新媒体与旧媒体的冲突地带[M]. 杜永明，译. 北京：商务印书馆，2012：423.

② 美国学者玛丽－劳尔·瑞安在《故事的变身》（译林出版社，2014）所涉及的概念，用以区分新媒介与旧没见之间的叙事特征。

的演出咨询、民俗文化、舞台艺术等介绍,与观众互动,形成强有力的粉丝文化等(见图4-3)。

图 4-3　红派经典剧目《刁蛮公主憨驸马》剧照 2

(二)新时代对"网络+文艺"创新模式的阐释

1. 党的十八大以来对网络文艺的相关理论

截至 2017 年 12 月,我国网民规模达到 7.72 亿元,全年共计新增网民 4074 万人。互联网普及率为 55.8%,较 2016 年年底提升 2.6 个百分点。党的十八大以来,党中央和国务院高度重视互联网内容建设,互联网为不同思想与言论的表达提供了一定空间,成为网民的精神家园。互联网内容规制性法律法规的实行,维护了网络秩序。网络强国战略、大数据战略、"互联网+"行动计划,加强网上思想文化阵地建设,国家顶层设计为网上内容的建设指明了方向。

2."网络文艺"的三个本质性

网络文艺是呈现于网络媒介上的一切文艺样态的作品，托生于网络是基本要素，却未必是网络自身独有的文艺形式；网络文艺依赖网络受众的观赏和阅读，但也会影响到其他媒介的受众；网络文艺生存取决于网络媒体的生产操作模式，但开始规模化地在传统媒体衍生并扩大影响；多种形态的网络产品早就与网络文艺多元互渗景观，但影响着传统媒体的创作和受众。或可将"网络文艺"界定为：受网络技术、新媒体和社会变迁作用与影响而禀赋互联网艺术思维，并以新型艺术生产方式来表征时代生活、表达现代性体验和思想感情的审美艺术形式。其外延包括网络剧、网络文学、网络动漫等。其质的规定性有互联网艺术思维、新型艺术生产方式和审美艺术三个方面。

二、以粤剧《刁蛮公主憨驸马》动漫电影改编为例

（一）传统粤剧的历史积淀和传承

红线女在当代粤剧史上占有重要地位，从演 60 年，演出的粤剧近百步，艺术上承前启后、继往开来，粤剧在传统的基础上吸收京剧、话剧、昆剧、歌唱、西洋歌唱方法等技巧。

粤剧承载着数代人的集体回忆，成为"地球村"拥有共同语言文化人群的情感归属。真正理解和喜爱粤剧文化内涵的人，才能做出真正让

第四章　E 时代动漫电影在传统粤剧传承中的新探索

人动情、动心、动容的设计。一代粤剧大师马师曾、薛觉先、红线女等早已驾鹤仙去，而他们留下的珍贵影像资料，却是时代的宝贵财富。运用先进的数字影像技术，还原或再现一代粤剧名伶的风姿绰约，实属一件幸事。由此，我们可以欣赏到高品质的粤剧视听效果和舞台服饰效果，充分利用 Flash 视频嵌入技术、3D 投影、VR 等体感交互手段，增强互动和参与性。众所周知，声音、图像、文字、动画、视频等多媒体信息手段的综合运用，可以呈现给观众全新的具有数字交互性的体验作品。例如，在动漫电影《刁蛮公主憨驸马》中，配音全是马师曾和红线女原声，让观众在欣赏真人原声的同时，重温两人的定情之作。观众在被不刻意营造的氛围中熏陶，特殊的情绪中欣赏多媒体影片。年轻的粤剧观众既参与了粤剧的生命史，心灵和情感世界也会因此而丰厚（见图 4-4）。

数字化是手机媒体的基本特征，具有网络媒体互动强、传播快、画面感强等传播优势。便于携带和使用是手机媒体的主要特征，而基于 Flash 视频嵌入技术、3D 投影、VR 等体感交互手段而创新的动漫电影《刁蛮公主憨驸马》则成为一种新形式的动画。Flash 视频嵌入技术是集现代计算机、互联网技术与当代流行的审美文化，运用规则化的设计原则，将数字媒体技术融入艺术设计中，给我们带来许多新的作品形式和美学概念，提高设计艺术和数字媒体技术革命性的变化。手机动画通过互联网下载、玩、转发等功能服务，在交互式图形制作的多媒体动画内容中实现与消费者灵活互动，更加符合现代人的快节奏生活。这与互联网流行的动画是相同的，通过技术手段，以无线的方式直接在手机客户端呈现，接受相关动画服务，提供动画短片以及手机动画系列图片。

图 4-4 动漫电影《刁蛮公主憨驸马》剧照

（二）粤剧《刁蛮公主憨驸马》动漫电影表现手段、人物塑造

动漫电影的传播具有交互式特点，主要体现在实时性、互动性、

主控性等方面。传播是瞬间的传播性的，播放平台与观众互动基本上是同步的，无缝对接沟通无障碍，形象而言，就是一对 N 的沟通过程。从媒体传播到大量的观众，传播时表现为继时性的传播方式，无限大的"朋友圈"使传播最大规模效应。通过弹幕、留言等方式，传播者和观众在信息和观感的反馈上实现即时交流。好玩、褒贬、古灵精怪、奇思妙想都在弹幕中自然形成，粉丝群经济呼之欲出。根据各取所需而分散媒体元素，手机客户端用户可以实现点播、选择手机动画影片功能。

（三）粤剧《刁蛮公主憨驸马》动漫电影受众年龄、鉴赏审美分析

动漫电影《刁蛮公主憨驸马》是传统粤剧戏曲内核加上新元素动漫。当动漫邂逅传统戏剧，会发生什么样的"化学反应"。该剧的主创人员认为，《刁蛮公主憨驸马》非常适合增添动漫元素。该剧无论是从人物设计还是表达主题上都很适合加入动漫这一现代化元素。具体而言，从服装、头饰以及人物设计角度，该剧充满了动漫风格和飘逸的浪漫情怀，配之色彩丰富的造型、民族特色的服装配饰，动漫人物轻松地代替了体现演员基本功的大花脸、大水袖等艺术造型，无不让各个年龄层的观众叹为观止。此举使粤剧焕然一新，观众有了全新的体验，有趣好玩新鲜活泼。在观众心中留下的视觉、心理的想象空间和高饱和度的色彩奢迷，引导观众留恋和再次消费。在这一消费心理的引导下，引发 15~25 岁年轻观众对粤剧这一传统戏剧的好感和兴趣。

传统优秀戏剧求变求新并非突发奇想，而是时代的呼唤，观众的需求。2003 年 9 月，两名中国戏曲学院毕业生的京剧动画作品《空城计》

《霸王别姬》在全国动画大赛中获得殊荣。动漫与传统戏剧结合，已成为传统戏剧生存与发展的必然选择。

《刁蛮公主憨驸马》是经典粤剧的保留曲目，更是马师曾与红线女的定情之作。早在 2000 年 12 月，红线女首先提出将《刁蛮公主憨驸马》改编成动漫电影的设想。影片讲述的是一个刁蛮任性的公主如何被她的那个憨驸马所折服，宣扬"和为贵"的传统道德观念，戏剧节奏清新明快，既有爱情主线又有逗趣戏弄的情节。改编成动漫电影后的《刁蛮公主憨驸马》不仅保留了原有传统戏剧的艺术精髓念和唱，而且增加了电影中独有的技术、音响效果等方面的优势，较之舞台剧表现得更加美轮美奂，细节处理上更加逼真时尚美感。刁蛮公主的动作姿态表情全部使用了动漫人物进行塑造，传统的道具、服饰、化妆在影片中不再使用，推动剧情不可或缺的火麒麟、八哥，在影片中处理成了写实的情景。"鹦鹉学舌"生动有趣，十分吸引年轻观众。

动漫版的经典粤剧情节更为紧凑，节奏更为明快，人物关系更为一目了然。影片的时长仅为原剧的一半，从 3 个小时缩短到 1 个小时 19 分钟，更符合现代人的观影习惯。深爱粤剧的红线女曾动情地认为，动漫粤剧这一新载体可使粤剧传播更为广泛。

从专业粤剧观众和研究者的角度而言，此片又存在不尽人意之处。如人物造型过于日韩化，受日韩动画风的影响较深。传统粤剧中生旦在面部要涂抹胭脂，戴耳环、簪花、绢花等；影片人物对话中，面部表情要与配音口形上同步等。

第四章　E 时代动漫电影在传统粤剧传承中的新探索

（四）优秀网络文艺"出海"的新探索

通过多媒体技术将传统的粤剧动漫化数字化后，观众不仅可以通过互联网欣赏到唯美的粤剧表演艺术，还可以利用智能手机的上网功能随时、随地、随意地了解、观看粤剧表演艺术。即便是片段式的欣赏观影，也能让粤剧在不知不觉中进入年轻人生活和视野中，对于发扬和传承粤剧文化是多多益善。

三、网艺出海为抓手的新时代文化产业的构建

（一）中国网络文化产业具有四大特点

1. 中国网络文化产业覆盖的细分领域

网络文化产业细分领域广泛，包括网络游戏、网络动漫、网络音乐、网络视频、网络直播等，产业迅速崛起，大大增强了文化产业的总体实力。

2. 技术推动，拥护规模庞大，产业规模巨大

优秀的网络文化企业层出不穷，部分细分领域在技术水平、经营模式创新走在世界前列，网络游戏、网络文学、网络直播是全球最大市场。

3. 博大精深的中华文化成为网络文化建设的重要源泉

优秀传统文化瑰宝和当代文化精品的数字化、网络化传播得到快速发展。

4. 中国网络产业相互融合与共生特点显著

围绕IP（知识产权），实现了电影与文学互动、电影与游戏互动、动画与游戏互动等。

产业链构成包括囊括孵化、运营、变现产业链环节。

（二）以2017年中国网络文化产业的市场规模分布

2017年，网络文化产业的市场规模达到3244.6亿，根据内容流转规律、规模体量，网络文化产业依次覆盖上、中、下游产业层面。上游（网络文学和动漫）达1627.6亿元；中游（影视剧、网络直播、网络音乐）达1453亿元；下游（游戏和衍生品）达2684亿元。

网络文学改编影视占中国网络文化产业价值的56%。文学出版中的三大块，如"青春文学"（少女系、清纯系），"大众文学"（玄幻系、奇幻系、悬疑系、传奇系、历史系），"影视星书"（同名小说、幕后传记）等。文学出版转换为影视制作序列，主要涉及改编权、品牌化、题材库等。其中改编权涉及委托创作协议、影视剧改编权转让协议、剧本购协议等40多项。逐步形成的模式撬动了价值链杠杆和实现长尾收益。

（三）网艺出海的基本要素与新时代文化产业的构建

"文变染乎世情，兴废系乎时序"，融媒体时代的基本要素主要有全球化、技术、资本（产业化）、政策的合力推动。文化产品的全球流动、竞争，以美剧、韩剧的流行为代表。泰勒·考恩在《创造性破坏——全球化与文化多样性》中,从艺术与经济相互关系的角度论证了经济全球化进程并非绝对地导致文化同质化,个中情形较为复杂,"文化的同质化与异质化不是替代的关系,它们会一同出现"。

  动漫电影独特的表演艺术,能充分地表现粤剧的艺术美感。动漫人物更善于以幽默、夸张、变形的手法表现人物表情及语言,生动刻画人物性格,相比传统粤剧拖沓的情节和冗长的叙事风格,动漫粤剧电影更能吸引青少年观众,掌握和培养未来的社会消费主体,扩宽粤剧发展空间。网艺出海将是新时代文化产业构建的重要组成部分。

第五章　交互纪录片的定义、类型及发展

安阳师范学院传媒学院　王家东

在以网络为代表的新媒体的环境下，影视艺术的技术、形态与美学都在发生着深刻的变革。新的数字媒体语境也对纪录片提出的新的要求：一方面，在线视频的高速发展已经证明在高带宽世界里依托网络媒介的纪录片具有现实可行性；另一方面，在报纸、广播电视和互联网公司争夺"屏幕"的媒介融合的过程中，迫切需要具有创新性的高质量产品。这就要求纪录片以全新的形态适应数字媒体变革的需要，而不是像当下国内所谓的"新媒体纪录片"那样，只是"将纪录片直接转化为数据文件后整体挂在网站上"。[①] 于是交互纪录片（Interactive Documentary，简写为 I-docs）应运而生，交互纪录片又被称为网络纪录片（Web Documentary）或多媒体纪录片（Multimedia Documentary），在国内有时

[①] 董浩珉.从控制到交互——关于纪录片新媒体化的思考[J].中国广播电视学刊，2015（7）：91.

又被译为互动纪录片,其形态复杂,类型广阔,大量新生的纪实形态都被纳入交互纪录片的范畴。

国际上,交互纪录片的创作研究热潮迭起。在创作上,几大交互纪录片的平台出现,美国麻省理工学院的开放纪录实验室,加拿大国家电影局的交互影像项目,欧洲的德法电视台数字艺术作品项目以及荷兰的创意动漫频道。以交互纪录片为代表的新媒体纪录片也陆续进入各大影像节,如阿姆斯特丹纪录片节(IDFA)于2007年开设新媒体项目纪实实验(DocLab)奖项,2017年该奖项包括数字故事(Digital Storytelling)、沉浸非虚构(Immersive Non-Fiction)以及未知仪式(Uncharted Rituals)三个板块。而作为业界公认的世界最重要的新闻摄影奖的"荷赛"从2011年起增加了多媒体竞赛(Multimedia Contest)单元,2013年,交互纪录片正式进入多媒体竞赛单元,2017年,多媒体竞赛重新命名为数字故事竞赛(Digital Storytelling)。交互纪录片更成为学者热衷于研究的话题,交互纪录片国际会议从2011年起在英国西英格兰大学(University of the West of England)所处的布里斯托(Watershed)连续举办了5届。同时也有大量研究交互纪录片的论文与图书出版,2012年,《纪录片研究》杂志(Studies in Documentary Film)更是把整期杂志都投入了这个问题的讨论中。

而在国内,真正被命名为交互纪录片的创作还有所欠缺,研究也是方兴未艾。从2013年起,国内陆续出现了多篇对交互纪录片介绍与研究的文章。这些论文以译介为主,在介绍交互纪录片自身的特点以及与传统影视纪录片的相关性同时也对交互纪录片的交互性、叙事、纪实美学等问题进行了思考。但是应该注意到国内对交互纪录片的介绍与研究依然存在很大的问题。一方面，英语世界对交互纪录片的研究本身还存在普遍的争议。纪录片这个词本身界定就颇多模糊，"每个人都使用'纪录片'一词来描述每一个结合了视频的多媒体作品，无论这个作品的性质、技术、语言或范围，都利用了模糊和脆弱的纪录片定义边界"。而交互纪录片在纪录片中又属小众，研究也由部分学者主导，再加之新类型不断出现，在挑战纪录片定义的同时，也在挑战对交互纪录片的界定。另一方面，国内欠缺交互纪录片创作与研究的语境，再加上纪录片一词由英文 Documentary 翻译而来，在中英不同语境中，两词有不同的所指，交互纪录片这个词所处的中文语境，与 Interactive Documentary 所处的英语语境有本质不同，理解自然就会有所偏差。

因而，本章将回到交互纪录片的作品与文献中，试图简单梳理交互纪录片的面貌，审视学界对交互纪录片的认知，并对几个核心问题进行不可避免的中文语境的思考，从而全面认知交互纪录片。

一、交互纪录片的界定

对交互纪录片研究的前提是界定交互纪录片，只有明确什么是交互纪录片，哪些作品属于交互纪录片的范畴，才能开始研究工作。然而这个始于实践领域的称呼，在实践应用上千姿百态，新媒体纪录片、网络纪录片、跨平台纪录片、纪实数字故事、纪实性游戏等称呼不一而足，VR 纪录片、微纪录片、沉浸型纪录片、未知仪式等新纪录片类型也在不断纳入其中。目前国内学者对此问题的结论是在英语世界对交互纪录片的界定已经产生共识，实际不然，理论界对交互纪录片界定的有着种种争议，共识只是部分的，有限的。

（一）国内对交互纪录片的界定

国内较早对网络纪录片研究的文章是 2013 年万彬彬的《新媒体时代网络纪录片浅析》，这篇文章介绍了维基百科对网络纪录片的界定，同时介绍了"网络纪录片作为纪录片类型延续了许多传统纪录片的特质"，以及"其具有了自身的独特属性"。[①] 而以"交互纪录片"命名的研究始于 2014 年李智、郑幽娴的文章《交互式纪录片的叙事研究》，文章认为"交互式纪录片，也称为网页纪录片或多媒体纪录片""交互式纪录片与传统纪录片最根本的区别在于它的构建平台是网络，后者的多媒体、互动等特性为这种新形态的纪录片提供了独特载体和传播渠道，结合网页的交互性设计，使制作人能够创造一种将照片、文本、音视频、动画以及信息图表等有机地结合在一起的纪录片作品"。[②]

这种将交互纪录片等同于网络纪录片的做法在同时期的其他研究文章中也有一致的体现，如胡海认为："交互式纪录作品是随着信息与网络技术发展而来的一种纪录新形态，其诞生的背景是媒介融合创新所产生的技术机遇和市场需求""交互式纪录作品的传播主要通过互联网相关渠道，其叙事也不同于传统的封闭线性结构，而是提供了多种可供点

[①] 万彬彬. 新媒体时代网络纪录片浅析 [J]. 电影评介，2013（16）：14-17.
[②] 李智，郑幽娴. 交互式纪录片的叙事研究 [M]// 中国纪录片发展报告（2014）. 北京：社会科学文献出版社，2014：257-264.

击的开放式链接,有的一个链接后面就是一个分支故事"。① 张同道主编的《中国纪录片发展研究报告2016》在"互动式纪录片"一板块认为"交互型纪录片,是近几年出现的一种基于互联网平台进行创作与传播的全新的纪录片形态""以互联网为交互平台,以网页作为基底,在页面布局上更为灵活开放,较之传统形态纪录片而言,对于各种多媒体素材的整合可能性更多"。②

应该说这种认知体现出英语世界早期对交互纪录片的认知,其认知也与维基百科对交互纪录片的界定高度一致:交互纪录片"是以互联网的交互式媒体功能为依托,为纪录片导演提供一个独特的媒体来创作非线性的,并综合照片、文字、音视频、动画和图表数据的作品样式"。③ 应该看到,稍早一些的国内学者对交互纪录片的界定正是来源于此,其对交互纪录片的界定偏重于其网络媒介属性,对其交互的特点以及叙事的非线性也有所涉及,然而对纪录片的核心问题影像形态以及纪实形态则少有涉及。

截至2016年年底,李坤的文章《交互纪录片:一种纪录片的新范式》在介绍朱迪思·阿斯顿(Judith Aston)与桑德拉·高登西(Sandra Gaudenz)的文章《交互纪录片:设定领域》(Interactive documentary: setting the field)的基础上,提出了对交互纪录片的新界定:"交互纪录片是一种以交互性为核心,在当前的媒介环境下主要是依赖数字媒体平

---

① 胡海.新媒介环境中"交互"纪录的社会生态与技术可能[J].中国电视,2016(10):65—70.

② 张同道.中国纪录片发展研究报告2016[M].北京:中国广播影视出版社,2016.

③ WIKIPEDIA. Web documentary[EB/OL].(2018-07-20)[2018-09-25]. https://en.wikipedia.org/wiki/Web_documentary.

台的一种探索真实的新艺术形式。"[1] 以此为转向，之后的研究者对交互纪录片的界定由网络媒介属性转向数字媒体属性，交互纪录片的范畴被扩大。如侯洪等人认为交互纪录片是"以纪录'真实'为目的，并且利用数字互动技术将观众置身其中，完成接受者与创作者的交流，实现'真实'这一目的的作品"。[2] 张烨则认为："任何项目只要以展现'事实影像'为动机，并且在展现的过程中以屏幕作为互动界面，使用了数字交互的叙事方式，都应该被认为是互动纪录片。"[3] 以上界定不再照搬国外的概念，体现了我们对交互纪录片的中国化思考，交互纪录片一词通常被拆分成两个部分来理解，交互——是以数字交互技术为核心的；纪录片——探索真实（事实）。至此交互纪录片在国内已经没有争议的达成某种共识：以数字交互技术为依托的，体现真实的作品。

但是这个界定是有问题的，最大的问题是置如此复杂多样的交互纪录片形态不顾，对交互纪录片的基本界定没有任何争议，如交互纪录片中存在大量的非影像素材，甚至有一些作品完全没有一般意义的作为纪录片支撑的影像，但却没有人问这样的作品还是纪录片吗？再如《交互式纪录片的现实建构与发展症候及其反思》一文是以阿斯顿与高登西的文章为基础的，按照《交互纪录片：设定领域》一文的类型逻辑，VR纪录片是交互纪录片的一种，但该文依然将二者视为不同的类型。相比来说，张烨的界定似乎更靠近我们对纪录片的理解，强调以屏幕作为

---

[1] 李坤. 交互纪录片：一种纪录片的新范式[J]. 文艺研究，2016（12）：112-120.

[2] 侯洪，宁珂，王卓尔. 交互式纪录片的现实建构与发展症候及其反思——基于媒介研究"实践范式"的视角[J]. 现代传播（中国传媒大学学报），2018（4）.

[3] 张烨. 以"屏"为名：泛屏话语下对纪录片影像文本的辨与思[J]. 电视研究，2018（05）：83-86.

互动界面，以更广义的范畴来确立交互纪录片的影像本体，但是遗憾的是该文并没有直面这个问题。那么在英语世界关于交互纪录片的研究是不是真达成了类似于我们所谓的共识，他们又是如何认知交互纪录片的呢？

（二）英语世界对交互纪录片的界定

在英语世界，对交互纪录片的理解与界定一直存在很大的争议。虽然在业界早在20世纪80年代交互纪录片便已经被命名，但在理论界交互纪录片的提出始于新世纪初，并且这个词也与新媒体纪录片、网页纪录片、跨平台纪录片、纪实性游戏等词混淆使用。[①] 在早期研究中，马拉哈特·侯赛尼（Melahat Hosseini）和罗恩·瓦卡里（Ron Wakkary）在讲到网页纪录片时指出："网页纪录片使用展览、杂志或地图的模式在可感知的数字空间中组织他们的数据，并邀请观众置身于数据空间中来探索纪录片。因此，在网页纪录片中，真实时间与线性剪辑是几乎不存在的。"这个界定指出了交互纪录片的特征，对于观众来说，观看交互纪录片更像是在观看展览或者杂志，乃至浏览地图，这个比拟，很形象地说明了交互纪录片的形态特征以及其文本逻辑。大家都有类似的经验，当我们在看展览、杂志与地图的时候，我们可以随意参观浏览，但是会在尤为在意的地方驻足观看，多数的交互纪录片，其形态完全就像是网络展厅。这个界定同时也指出了交互纪录片与电影纪录片最大的不

[①] GAUDENZI S. The interactive documentary as a Living Documentary[J]. Doc On-Line: Revista Digital de Cinema Document á rio, 2013（14）.

同，那就是纪录片赖以存在的对真实时间的纪录以及线性剪辑在交互纪录片中基本不存在。

卡洛琳·米勒则将交互纪录片定性为交互电影的延伸，她认为"交互纪录片是一种非虚构的交互电影。在其中，观众可以选择观看的素材以及观看的顺序"。[①]而戴娜·加洛维（Dayna Galloway）等人则认为，"任何使用交互性作为分发机制的都应该被视为交互纪录片"。[②]由此将交互纪录片的定义扩大，并首次将交互性置于交互纪录片界定的核心地位。我们可以看到以上关于交互纪录片的界定，出发点不同，偏重点又各有不同，同时由于缺乏精确的概念与清晰化的术语，交互纪录片也没有被学术界公正对待。

这种关于交互纪录片界定的分歧在2011年达成部分共识，由朱迪思·阿斯顿与桑德拉·高登西主导，当年11月，西英格兰大学数字媒体研究中心召开了第一届交互纪录片国际会议，该年度的会议主要针对4个议题展开讨论：参与和合作；跨平台与媒体生产；位置、无处不在与游戏逻辑；非线性策略和数据库驱动纪录片，并由此达成部分共识。之后二人的文章《交互纪录片：设定领域》在2012年的《纪录片研究》杂志发表。在文中二人正式为交互纪录片下定义为："任何项目只有意图在于纪录'真实'，并使用数字交互技术来实现这个意图，都可以被视为交互纪录片。"[③]这个界定也成了当下影响力最大的对交互纪录片

---

① 李坤.交互纪录片：一种纪录片的新范式[J].文艺研究，2016（12）：112–120.

② GALLOWAY D, MCALPINE K B, HARRIS P. From Michael Moore to JFK Reloaded: Towards a working model of interactive documentary[J]. Journal of Media Practice, 2007, 8（3）：325–339.

③ ASTON J, GAUDENZI S. Interactive documentary: setting the field[J]. Studies in Documentary Film, 2012, 6（2）：125–139.

的界定。

交互纪录片不同于传统的影视纪录片的一个特征是没有一个固定的文本形态，存在变异性与多种潜在形式的可能。因此 2013 年，高登西针对交互纪录片这一词的局限性，提出以"活态纪录片"（Living Documentary）一词来取代交互纪录片。活态纪录片的提法允许我们把交互纪录片视为一种动态实体。高登西认为"Living"一词表达的是一种正在进行的状态，可被视为一种可以自体增殖的形式，同时其词根"Live"本身就意味着与现实时间的交互，指涉于现实生活。[1]只是活态纪录片的提法没有进一步的回响，高登西本人也没有针对这一问题进一步地深入论述，而由高登西主导的交互纪录片国际会议一直召开到 2018 年的第五届，其对交互纪录片的界定基本未变，更多是将交互纪录片"视为一种框架，一系列的可能，而不是一个特定的媒体类型与平台"。

之所以说朱迪思·阿斯顿与桑德拉·高登西主导的对交互纪录片的界定是部分共识，是因为就像其论文中的"setting the field"这个词形象展现的一样，一个群体在圈地，要确立主导话语权，但是这个话语权也更多只是在这个团体内部。交互纪录片的提法并没有被学者广泛接纳，同时期很多研究者依然在使用其他称谓来研究这一类型的纪录片。克雷格·海伊指出这些概念是如此之新，以至于在英语世界中，还没有能达成共识的术语规范。[2] 西博汉·奥弗林的《纪录片的形式变迁：网

---

[1] GAUDENZI S. The interactive documentary as a Living Documentary[J]. Doc On-Line：Revista Digital de Cinema Document á rio，2013（14）.

[2] 孙红云. 数字时代纪录片形态及美学嬗变分析[J]. 北京电影学院学报，2016（3）：45—51.

络、交互、跨媒体、参与与超越》(Documentary's metamorphic form：Webdoc, interactive, transmedia, participatory and beyond)一文与《交互纪录片：设定领域》一文发表在同一期杂志上，却将网络纪录片、交互纪录片、跨媒体纪录片视为三个不同的术语。[1] 在他看来网络纪录片是基于互联网的纪录片，使用网络作为传统的线性纪录片播出平台，其中可能有也可能没有交互组件；相比之下，交互纪录片通常被设计为包含内容片段的数据库，通常在网络上，但并不总是如此，在独特的界面中，观众播放纪录片内容，其内容往往是非线性的，叙事通常被设计为开放的、进化的和过程性的，有时会包括观众创造的内容；而跨媒体纪录片则增加了另一个细微之处，即叙事内容被设计成分布在多个平台（数字和非数字），通常也使用交互式组件设计。另一篇影响深远的文章，凯特·纳什（Nash K）的《互动模式：网络纪录片分析》(Modes of interactivity: Analysing the webdoc)依然以网络纪录片来命名研究，并对网络纪录片的叙事、分类以及交互模式进行了分析。[2] 其他的研究，交互性一直是一些理论工作的焦点，尤其是从技术的角度来探讨，重点关注是用户在技术上可能以及与交互纪录片相关的技术，而对交互纪录片本体的研究并不多见。

直接反对者也有，安德烈·阿尔梅达（Andre Almeida）与希特尔·阿尔维罗斯（Heitor Alvelos）针对术语"纪录片"已经与各种前缀在一起使用，但是许多这样的"前缀"纪录片并不是纪录片的现状，发问"从

---

[1] SIOBHAN O'FLYNN. Documentary's metamorphic form: Webdoc, interactive, transmedia, participatory and beyond[J]. Studies in Documentary Film, 2012, 6（2）: 141-157.

[2] NASH K. Modes of interactivity: analysing the webdoc[J]. Media Culture & Society, 2012, 34（2）: 195-210.

实践的角度看，纪录片和互动的指导原则在什么程度上能成为互动纪录片领域？这些规则可以在多大程度上结合，哪些新混种可能会从这个过程中浮现出来？"[1]针对高登西"为什么互动纪录片也该主要基于活动影像"研究的立足点，[2]他们明确回答，交互纪录片必须基于活动影像，因为纪录片便是这样制作的。纪录片并不拒绝和其他媒体的结合，但是纪录片应该是概念主体。

这种概念界定的混乱更体现在实践领域，对交互纪录片的界定更多落实在实际操作的角度。前文所涉及的"荷赛"对交互纪录片的要求为："在线互动故事或项目。作品必须融汇摄影和（或）电影（但不限于）动画、图表、插图、图片、声音或文字。作品将重点放在强有力的叙事性上，并配合完美的视觉展示、熟练运用其他表现元素。"[3]阿姆斯特丹纪录片节的"纪实影像"项目作为交互纪录片的领先平台之一，主要针对各种纪实互动项目，包括网络纪录片，应用程序和虚拟现实艺术、多媒体新闻、装置和现场表演等。其中"数字故事"主要针对使用数字技术讲纪实故事的交互或多媒体项目。"沉浸式非虚构"主要针对能够创造沉浸的纪实体验的装置与表演。"未知仪式"主要针对那些新形态的故事与体验。

---

[1] ALMEIDA A, ALVELOS H. An Interactive Documentary Manifesto[M].// Interactive Storytelling. DBLP, 2010：123-128.

[2] 这个观点出自桑德拉·高登西的博士论文，桑德拉·高登西于2013年获得博士学位，但是其博士论文初稿很早便上传到个人网站上了，其博士论文第一部分的标题便为 Setting the field，高登西之后所发表的论文的很多观点在这篇文章中多有体现，尤其是其关于交互纪录片四个类型以及活态纪录片的提法，在论文初稿中便已经成熟。

[3] 蜂鸟网.2013年"荷赛"多媒体奖启动新的分类法[EB/OL].（2012-11-01）[2018-07-20]. http：//image.fengniao.com/331/3311634.html.

可见交互纪录片依然处于一个混乱的语境中,有研究者以此涵盖所有的新纪实形态,也有研究者要求交互纪录片必须有一个明确的界定,这样才是纪录片。而实践应用领域则远远超过理论研究,交互纪录片项目对所有新形态纪实的持开放姿态,很少直接使用交互纪录片这个词来做限制性要求,纪实的数字故事(Digital Storytelling)成为主流表述。这在一定程度上也和高登西的观点相吻合,撇开具体称呼的问题,交互纪录片正在按他们所想的面貌发展。同样交互纪录片发展的新的转向也需要我们注意,新兴媒介开始取代网络媒介的重要地位,交互纪录片平台越来越偏向于新兴的 VR、AR 以及 AI 上。这个转向在下文的类型问题上体现得更为明显。

二、交互纪录片的类型与发展

纪录片发展史的表述总是和纪录片类型的表述联系在一起,直观呈现便是不同的类型在纪录片发展史的不同阶段出现,其原因在于时代的变迁,影像技术的革新促使纪实观念的嬗变,从而导致纪录片类型的更迭。这一关系同样适用于描述交互纪录片的类型。关于交互纪录片的类型,戴娜·嘉乐维认为包括被动适应(Passive Adaptive)、主动适应(Active Adaptive)、沉浸式(Immersive)以及扩展式(Expansive)四种。[①]高登西认为主要包括会话式(conversational)、超文本式(hypertext)、

---

① GALLOWAY D, MCALPINE K B, HARRIS P. From Michael Moore to JFK Reloaded: Towards a working model of interactive documentary[J]. Journal of Media Practice, 2007, 8(3): 325-339.

参与式（experiential）以及体验式（participative）四种；凯特则将网络纪录片分为叙事型（narrative）、类别型（categorical）以及协作型（collaborative）三种。[①]

这里我们将以高登西的分类为基础，并结合嘉乐维与凯特的分类，全面梳理交互纪录片的类型与发展问题，并将高登西的四种类型修正为沉浸式、超文本式、参与式以及实体空间式（physical space）。虽然高登西声称其对交互纪录片类型的划分更多是基于其交互逻辑而不是其技术模式，[②] 但在我们看来，交互纪录片的发展，技术是基础，正是技术的发展决定了交互逻辑的变革，在下文的论述中，我们将能清晰地看出这一点。但是我们也不能把类型问题等同于发展史的问题，毕竟每一种类型在当下也有大量的作品存在。所有下文我们的表述，以技术发展为基础，介绍其类型的出现以及该类型的特征，之后将会介绍这一类型在当下的发展。

普遍认为交互纪录片的母体是现代艺术中的交互艺术，而不是纪录片，只是当它具有了纪实因素并以纪录片命名之后，我们才开始参照纪录片的标准考察交互纪录片。而交互艺术的发展与数码媒体的兴起有着密不可分的关联。技术的发展变革着我们的时代，艺术与技术也开始了密切的融合与互动，当代数码媒体——CD、DVD、视像装置、计算机、网络媒介、VR装置、AR装置以及人工智能——的每一次变革，都会促使"使用者或消费者积极参与，互相作用，艺术需要观众的参与来完

[①] NASH K. Modes of interactivity: analysing the webdoc[J]. Media Culture & Society, 2012, 34（2）: 195-210.

[②] ASTON J, GAUDENZI S. Interactive documentary: setting the field[J]. Studies in Documentary Film, 2012, 6（2）: 125-139.

成,已经作为一种新的媒介形式出现"。[①] 包括交互纪录片在内的交互艺术便是在这样的语境中产生的。

(一) 沉浸模式

最早的交互艺术是各种互动娱乐游戏,早期的游戏机大多属于机械或简易的电路结构。随着电子计算机的发明,其技术成就开始渗透到各个领域,1971年,布什·纳尔设计了世界上第一台商用的电子游戏机,由此开始了数码电子时代的交互游戏。当这种互动游戏发展到加入纪实因素可以描绘现实的时候,便产生了交互纪录片的雏形。一般认为,1978年的《阿斯彭电影地图》(Aspen Movie Map)是第一个尝试提供数字化纪实体验的作品,但并没有被公开称为交互纪录片。安迪·李普曼(Andy Lippman)和他在麻省理工学院的团队通过在顶部安装了摄像头的车来搜集数据,创造了一个交互性的虚拟现实阿斯彭地图。这个系统使用了一组光盘,光盘里存有白杨树镇所有街道秋、冬两季的图像以及一些建筑物内部的照片。所有素材都按位置关系链接,用户使用时,坐在仪表椅上面对三块屏幕,通过设备控制着旅行的速度和方向,可以在全镇漫游,甚至浏览建筑物的内部。

之所以称为会话模式,是因为李普曼认为这种模式好像是使用者与计算机进行会话,使用者可以作为一个角色去探索体验。但这种会话模式交互性比较弱,纪实性不强,更像是一种体验游戏,而不是纪录片,这也是当下很多人并不把之视为纪录片的原因。《阿斯彭电影地图》

[①] 王利敏,吴学夫.数字化与现代艺术[M].北京:中国广播电视出版社,2006.

第五章 交互纪录片的定义、类型及发展

所开启的模式后来更多为当代艺术借鉴，当代艺术的发展中比比皆是类似的作品，如考切斯尼（Courchesne）的交互艺术作品《风景一号》（Landsacape One，1997）。《风景一号》是一个可以多人参与的交互式全景视像装置，使用了4台联网的计算机，4部投影设备以及4个激光影碟演示设备，使用者将被一个360°公园实拍的投影交互界面环绕，这个公园是蒙特利尔的皇家山脉公园。再如芭芭拉·希捷（Barbara Siegel）的《废弃的空气》（derelicted Atmospheres）也使用了类似的视像装置。

近年来，虚拟现实技术（Virtual Reality，VR）成为一个热门领域，新类型VR纪录片出现。虚拟现实技术早就存在，是一种基于可计算信息的，"主要通过人与机器界面的传播交流，从而产生强烈沉浸感的系统"。①沉浸感则是依靠独特的视听系统让用户对外部、现实世界刺激的意识到接近零，从而让用户完全被吸收到叙事世界中。只是最近几年随着技术的发展，VR技术开始大众化、小型化，从而开始更为广泛地应用于游戏、新闻、纪实影像等领域。可以说当下热火的VR纪录片就是属于典型的会话模式的作品，前文我们涉及的《阿斯彭电影地图》也被视为早期VR实践的典型。头戴式VR与纪录片的结合始于2012年的作品《饥饿的洛杉矶》（Hunger in Los Angeles），观影者通过头戴式VR设备，仿佛置身于8月洛杉矶的街头，成为等待发放救济食品中的一员。2015年，国内也完成了首部VR纪录片《山村里的幼儿园》，通过VR设备观众可以沉浸到山村留守儿童的生活中。

这种倾向在当下影像节的交互式作品中更有明显的体现，在荷赛

---

① 万彬彬.试论虚拟现实（VR）技术对纪录片发展的影响[J].现代传播-中国传媒大学学报，2016，38（10）：110-113.

99

中，沉浸式（Immersive Storytelling）的要求为："一种以视频以及其他形式为网站制作的视觉故事或项目，通过它的设计，为用户创造一种沉浸式视觉体验。它必须包括摄影或电影（但不限于）动画、图形、插图、声音或文本。"阿姆斯特丹纪录片节也有类似奖项"Immersive Non-Fiction"，要求类似。

荷赛 2017 年最佳沉浸式作品《挖》（the Dig），2016 年最佳沉浸式作品《绝望穿越》（Desperate Crossing）都是基于网络的交互式沉浸作品。《挖》采用交互式视听元素，将使用者放在的感情体验的中心来探索和发现这个世界的人际关系的变化。《绝望穿越》则将观众放置于一艘渔船之上，体验利比亚难民的漂泊。阿姆斯特丹纪录片节 2017 年最佳沉浸式作品《劳伦》（Lauren），2016 年最佳沉浸式作品《死亡体验》（Deathtolls Experience）都是基于 VR 的作品。《劳伦》是一部基于 VR 的网络作品，我们可以体验到导演劳伦将自己置身于智能家居系统中，感受到监控无所不在。《死亡体验》是一部基于头戴设备的 VR 作品，使用者可以经历叙利亚难民迁徙欧洲、葬身海洋以及叙利亚内战等悲惨经历，让公众重新认识中东数十万死亡人数背后血淋淋的现实。

笔者以为这种类型更适合被称为沉浸模式而不是会话模式，很重要的一个原因是当下业界的实践中，沉浸模式便是会话模式的发展形态，而且会话是所有交互纪录片的基础，会话模式的称谓不足体现这一类型的纪录片的特征。而沉浸模式的提法很好地指出了这一类型的特征：以游戏互动为基础的，借助独特的视像装置将用户/观众带入一种真实的情境中，从而创造一种独特的沉浸之感，使用者恍若身临其境。

（二）超文本模式

随着科技的发展，计算机开始由商用逐渐个人化，1981年4月24日，IBM公司推出首部个人计算机，为之后的交互纪录片发展提供了新的可能。1989年的一天，苹果多媒体实验室的摄影师在美国城市莫斯兰丁（Moss Landing）拍摄了当地人的生活。这部基于个人计算机的作品，允许人们点击特定的人、对象或者是地点，之后启动视频点击观看。《莫斯兰丁》是第一部被正式称为交互纪录片的数字作品。这一模式的交互纪录片在互联网没有兴起之前主要依托CD-ROMS以及DVD等设备，待20世纪90年代，独立的商业网络发展起来之后，这类纪录片开始主要依托互联网平台，即所谓的网络纪录片。

之所以称为超文本模式，是因为这类纪录片视频素材的组织主要用超链接的方法，将各种不同空间的素材组织成网状文本。更是因为这种纪录片的用户界面范式——无论是DVD的播放列表还是网络上的超链接——均是超文本形态。高登西又把这种模式称为搭便车模式（hitchhiking），意指观看视频的过程有点像搭便车，观众可以选择看什么人，但是具体的内容只能跟随行走。这一模式也被称为数据库纪录片，依托提前拍摄好的视频素材，通过一个可搜索的存档或数据库来描绘一个真实世界。

以上不同的称呼也在一定程度上反映出超文本模式的特征，这一类交互纪录片的作品是封闭的，没有对外开放，内部资源也是有限的，用户的点击行为也有固定的模式可循。尼克尔斯盛赞这类作品的意义："观众可以和计算机互动来选择如何放映这些镜头，也可以在原本镜头的基

101

础上选择不同的组接或主题。此外观众可以自行选择访问其他电脑存储的剪辑后的剩余素材、访谈和原始文件。个体生命可以得到更详细的探索，这样相比原版电影可能会具有更多的学术意义。"①

　　超文本模式相当于凯特界定中叙事型网络纪录片与类别型网络纪录片的总和。所谓叙事型，是指以线性叙事为主，提供连贯叙事专注于电影感的交互纪录片作品。如澳大利亚 SBS 电视台制作的反映 2005 年的悉尼当地白人与中东移民发生的冲突事件的作品《克罗纳拉骚乱》（Cronulla Riots）。专题网站的主界面主要包括纪录片视频、互动调查与交互地图 3 个部分。其中视频部分主要有 9 段视频素材按顺序排列，观者可以随机观看，但是这个排序的目的显然是主张按顺序观看，因为这个顺序包括叙事的线性在当中。另一部由加拿大国家电影局制作的交互纪录片《71 号灰熊》（Bear 71）也是典型叙事型网络纪录片，在这段时长 19 分钟的交互纪录片进展的过程中，始终有个旁白模拟 71 号灰熊的口吻讲故事，刚开始是一段灰熊 71 号被安装定位器的纪实影像，之后为我们展示的是班芙国家公园的实时地形图，使用鼠标用户可以漫游整个森林公园。地形图上有各个动物、监视器、谷歌街景地图的标志，点击相关的图标观众就能看到关于这只动物之前所拍摄的影像、监视器所拍摄的影像，以及三维的街景效果。②虽然《71 号灰熊》形态比较复杂，也包含大量的实时素材，但是由于由解说词全程贯穿，所以其方法依然

---

　　① 比尔·尼科尔斯. 纪录片导论第 2 版[M].陈犀禾，刘宇清，译. 北京：中国电影出版社，2016：180.

　　② 《71 号灰熊》有网页和 VR 两个版本，主要区别在于 VR 版提供的地形图是三维的，并且在在部分点击处提供谷歌三维全景地图。二者都包含实时素材，即自然保护区中众多的动物都携带定位器，他们的实时位置会出现在地形图上，但并没有提供实时的影像素材。

是基于传统线性纪录片的。

所谓类别型，是指采用非线性结构的交互纪录片。这一模式往往以类别的元素来进行组合，比如主题、项目、位置等。这类交互纪录片元素与元素之间的时间序列关系不重要，也没有常规线性叙事的前后逻辑关系。以加拿大国家电影局制作的《窗外之景》（Out my Window, 2010）为例，该作品打开后，有地点（places）、空间（spaces）以及脸庞（faces）三种模式可供选择。选择地点，则展开一幅世界地图，我们可以选择不同地点的故事；选择空间则是一个多层建筑物的景观，点击不同的窗口，你就能看到不同的故事；点击脸庞则是不同人的脸孔，可供选择观看他们的故事。另一部由欧洲德法电视台制作的《加沙冲突》（Gaza Sderot），主界面被一条竖线分成左右两个部分，界面分割成以色列与巴勒斯坦地理空间分割的一种隐喻，全片共有拍摄于 2008 年 10 月 26 到 12 月 23 日的 80 部短视频，共有时间、面孔、地图以及主题 4 个不同的素材排列方式，用户可以选择其中的一种素材呈现方式来进行观看。

在我们看来，无论是叙事型还是类别型，都是当代影视纪录片中比较常规的叙事策略。叙事型所代表的叙事策略相当于聂欣如所说的序列结构，而类别型则是并列结构。序列结构比较强调素材与素材之间的前后逻辑关系，其顺序轻易不能调换，而并列结构"事件与事件的位置在影片中互换之后不影响观众的阅读与理解"。[①] 类别型交互纪录片的做法，实际上只是适应了互联网交互的需要，将素材组合与排列顺序的权利交给了观众，而这一切并不影响观影效果，其采用依然是传统影视纪

---

① 聂欣如. 纪录片概论[M]. 上海：复旦大学出版社，2010：290.

103

录片的叙事策略。可以说超文本模式是最像影视纪录片的一类交互纪录片，也是纪录片地位最没有争议的一类模式。

近年来，随着 H5 的发展，网页的动态与交互效果更为出色，以往复杂的链接逐渐消失，单一文本更为图文并茂，移动设备的观看效果也大大提高。我们再以一个例子来看超文本模式与传统影视纪录片的相似性。2017 年荷赛创新型故事（Innovative Storytelling）一等奖的作品《墙的新时代》（A New Age of Walls）。这部作品介绍了当下世界存在的分割不同国家的壁垒——墙，其中第一集总共有 25 个板块，滚动鼠标滚轮可以从上到下按顺序观看，这些内容有数据展示，也有纪实的视频。我们可以看出这完全是传统纪录片的策略，只不过采用了适合网络的呈现样态，要做成影视纪录片，也只需要将这些内容视听化。

我们需要承认，超文本式交互纪录片相比传统影视纪录片在当下媒介环境下有相当大的优势，这种优势不是基于网络平台属性的，而是基于受众阅读习惯的。一方面，浏览同样容量的文字要比影视所用时间短，这符合当下人们碎片式、快速化的阅读习惯；另一方面，将大量数据提供给观众进行选择性观看，这是将影视中一直存在的非引导叙事的纪实美学发挥到极致的一种体现，也符合后现代语境中对真实的理解。

（三）参与模式

1995 年，麻省理工学院交互媒体实验室尝试开发一种依托可拓展的存储设备的"发展式纪录片"（Evolving Documentary）。他们倾向于建立一个自动化的讲故事系统,这样随着故事的进展,故事材料将能不断地增加,这便是参与式的雏形。最早的作品为《穿越二十世纪的随机漫步》(Jerome B.Wiesner 1915—1994： A Random Walk through the 20th Century),比如界面上的杰姆逊的照片由罗布·西尔弗斯(Rob Silvers)编写的程序自动从300000张照片中抓取了2000个人的照片拼贴而成,这就是所谓的自动化。

进入新世纪之后,互联网逐渐进入新的Web 2.0时代,典型的Web 2.0产品Blog、Rss、SNS、Wiki的发展,开启了用户内容生产、分发、交互、聚合的新时代。Web 2.0本身更重视用户的交互作用,用户既是内容的浏览者也是内容的创造者,由被动的接收信息开始到主动的创造互联网信息。

随着带宽的发展,个人有可能将视频轻松上传网络,并有着良好的观看质量。新的技术语境也催生了新的交互纪录片的可能,观众和内容创作者之间可以通过多个平台,包括博客、社交媒体平台和维基,进行直接的交流对话。纪录片制作者也越来越多地邀请粉丝创造的内容,并将其转入观众群体。网络平台上纪录片不仅可以用来观看,还可以分发、评论、评分;网络也可以供作者用来沟通交流,协作编辑;网络也可以用来收集用户所生产的内容,然后让之成为艺术作品的一个部分。可以说以上都是Web 2.0所带来的交互参与,但参与模式主要指最后一种,即用户提供素材参与到作品的创作中。当然也不是尼克尔斯的制作主体参与事物进程的参与模式。凯特所言的协作也主要是指用户与制作者之间的协作,而不是常规意义的制作者之间的协作。

较早的一部作品《绘制主街的地图》(Mapping Main Street,

105

2008），试图从美国的 10466 个主要街道收集图像和故事，而这些素材都是不断地通过博客、网站和社会媒体收集来的。《在埃及的 18 天》（18 Days In Egypt）关注 2011 年埃及骚乱，所有的素材都是收集自当时埃及人用手机以及相机所拍的视频与照片，此外网站上也鼓励用户分享自己的故事，上传自己所拍摄的相关的素材。当然我们也需要注意到除了参与式之外，很多其他类型的交互纪录片也鼓励用户提供自己的素材，模式之间的界限在不断地模糊。

应该说除了用户可以上传自己的素材从而成为整部艺术作品的一个部分之外，参与式交互纪录片还有其他非常明显的特征。

第一，参与式交互纪录片更像是一个项目（Project），而不是作品。如《全球生活》（Globa Lives）启动于 2002 年，形式是收集地球上不同地区人类 24 小时的生活。这个项目旨在建立一个全球的关于生命体验的视频数据库来促进跨文化交流、项目工作主要包括视频制作、展览、教育以及网页展示等。另一个项目《70 亿他人》（7 Billion Others）由贝特朗发起的美好星球基金（Good Planet Foundation）支持，旨在教育公众与提高环境保护意识。美好星球 4 个常规项目之一便是利用基金会所制作的影像来提高公众意识，其中最主要的便是《70 亿他人》。该项目在历时 6 年的时间里走访了 84 个国家，拍摄了 6000 份采访视频。这种项目形态更像是一个文本，"与作品相比，文本突出的式编制性，它并无边界和独立区分，是彼此交错、连绵不断的,生成中的符号联合体"。[1]

第二，参与式交互纪录片的网站会存在多年，不断发展，也就是网站结构比较复杂，数据库体量巨大。这个特征也就相当于嘉乐维所言的

---

[1] 单小曦. 推进网络文艺批评理论建设 [N]. 中国社会科学报，2017-03-20（05）.

"扩展式",我们所提到的参与式交互纪录片的网站基本上到现在都还存在,即使是《穿越二十世纪的随机漫步》虽然已经停止更新,但是还可以正常打开。《70亿他人》最早叫"60亿他人",随着地球人口增加而改名。这类作品的网站结构比较复杂,既可以检索观看视频,也可以在线交互,同时可以提供自己的作品。这些作品的数据库是开放的,都是不断地在增加新的数据,所以体量都比较大。《70亿他人》的专题网站提供包括中文在内的11种语言来方便不同国家的人们浏览,项目的所有电影作品与采访素材均可以在线直接观看,其中采访素材被分为家庭、爱、死后、快乐等19个专题进行展示。而《全球生活》截至2012年,可供免费下载的压缩格式视频共计300万兆字节。

第三,很多作品可以自体发展,自动化讲故事,撇开创立者独立存在。有些作品延续《穿越二十世纪的随机漫步》的自动化风格,如《10×10》(ten by ten)便是这样一部作品,网络艺术家乔纳森·哈里斯(Jonathan Harris)的这部作品每个小时里都会搜索到全世界范围的100条最新的文字和照片的资料,然后以缩略的形式形成一个10×10图片,并被命以之名称。在经历了年、月、日的积累之后,这些被串联在一起的文字和影像足以描绘出一幅人类的生存图景。值得注意的是,《10×10》的运行没有人为地操纵,它会自动浏览正在出现的国际新闻头条并抓取。

第四,参与式交互纪录片不仅内容是开放的,其形式往往也是开放的,呈现出典型的跨媒体特征。这种跨媒体不仅跨越传统与新媒体,如上文讲到《70亿他人》除了网站为代表的交互纪录片外,还有大量的专题电影、图书以及展览等传统媒体形式存在,也跨越新媒体中的不同形态,一个交互纪录片可能能够延伸出一个游戏、一个应用程序等。如获得 2015 年荷赛最佳交互纪录片奖的作品《和》（The And），这是一部探讨夫妻关系的作品，除了有网页形态，还有手机应用形态。

第五，参与式交互纪录片不满足于仅仅浸入与旁观纪录片的故事叙事，而是提供多种方式供用户参与项目，从而直接介入现实。"把记录影像的拍摄与公民社会逐渐高涨的社会行动相结合，把纪录片作为促进社会公正和社会改良的工具。"① 这种参与体现出强烈的媒介行动主义精神。对于用户来说参与的方式很多，用户可以作为导演与摄影师参与拍摄，提供自己的素材，也可以作为志愿者协作工作以及组织项目相关的展览。尤其是各种形式的展览，社会学意义较强，体现出对现实的介入。如《70 亿他人》曾经在全球各地组织展览，上海世博会期间在联合国馆展出。

（四）实体空间模式

可以说以上三种模式都是把真实世界的图像带到计算机、网络等媒介中，让使用者借助特定的装置体验真实。那么实体空间模式则与之相反，使用者把影像带到真实的实体空间中，由此把影像空间与实体空间组合成一个新的混合空间。当然，这有赖于 AR 技术的发展。增强现实（Avgmented reality，AR），早在 1990 年便已经被提出，是一种实时利用计算机计算然后将计算机元素覆盖到真实世界上的一项技术，其目标旨在把屏幕上的虚拟世界套合在现实世界上，并进行互动。

---

① 韩鸿.媒介行动主义理论视野中的中国行动主义影像研究[J].新闻大学，2008（3）：90.

第五章 交互纪录片的定义、类型及发展

　　增强现实并不仅仅是头戴 AR 设备，早期的 AR 技术借助平板电脑、手机等移动设备以及全球定位系统（GPS）也可以完成影像与现实的互动，只是当时还无法将影像直接投射到现实空间中，早期的一些纪实作品便是如此。《北纬 34 度，西经 118 度》（34 North 118 West，2001）允许人们带着平板电脑、GPS 和耳机行走洛杉矶的街道上。根据参加者的位置，讲述洛杉矶早期工业时代的故事，计算机屏幕上也会对应出现历史插图。另一部作品《骑士说》（Rider Spoke，2007），骑自行车的人可以通过使用安装在自行车车把上的诺基亚 N800 手机骑行穿越于城市中，寻找地点，听故事，并回答问题，然后讲述自己的故事，之后你的故事将传递给之后的使用者。

　　我们可以看到这些纪实形态还比较简单，与今天广泛应用于旅游行业的景区导览服务比较相似。今天比较火热的头戴 AR 设备在影视行业还没有大规模应用，主要原因在于 AR 目前的应用在技术上仍然有局限，没有大规模商用的平台，AR 作品的创作也不同于传统作品，需要与现实世界的互动，更需要考虑作品如何与真实空间产生联系。但是可以预期，在未来技术问题解决之后，仍然有大规模应用于纪实领域的可能。

　　高登西之所以把这一模式称为体验模式，是因为这一类型可以带来独特的实体空间与影像空间的交互体验，但笔者以为，沉浸模式的交互纪录片也以体验为主，尤其是 VR 技术发展所带来的 VR 纪录片更是以体验为主，所以体验一词不足以体现这一模式的特点，反而是实体空间一词，既能说明这一模式与其他三种模式的区别，也能涵盖可能的不同于以往的以屏幕作为主要表演场所的纪录片形态。

　　实体空间性模式也体现出现代艺术的一种转向，那就是走出现有的艺术展示空间，走向更广阔的实体空间。阿姆斯特丹国际纪录片节纪实实验项目从 2016 年起开启了一个新板块"未知仪式"（Uncharted Rituals），旨在关注人与机器之间的互动。"互动媒体艺术研究人与技术之间的仪式舞蹈。未知仪式提供了各种新的故事和经验，它可以是在剧院、手机上乃至于街道中挑战我们对人与技术交互的理解。"关于仪式舞蹈，早在高登西那里"舞蹈"一词便用来形容人与机器之间的互动。"我建议一个恰当的比喻是'舞蹈'，它是一种具体的交流方式，它依赖于环境，需要运动，这就决定了其他人的存在。在这种模式下，用户/参与者可以做的事情几乎是无止境的。"这种未知仪式，实际指向便是走出原有空间的可能。2016 年与 2017 年两年，入选未知仪式的项目共 11 项。其作品形态多样，纪实形态也是多元。有与人工智能聊天的项目《机器人故事：未来主义食谱》（BotStory：The Futurist Cookbook），有为我们自动抓取 YouTube 上无人点击作品的程序《宇航员》（astronaut.io），也有可以扮演任何角色的互动视频游戏《全部》（Everything），有反思人类扮演上帝的三屏纪录片放映装置《无中生有》（Ex Nihilo），有新形态的戏剧表演《别的地方》（Somewhere Else），也有智能拍摄能够获奖照片的人工智能驱动的摄像头《奖杯相机 V0.9》（Trophy Camera V0.9），有手机猜字谜的游戏程序《W/O/R/K》，有 10 个各自时长一分钟的智能手机互动体验聚合项目《非常短》（Very very short），也有新形态的 VR 纪录片《最后一把椅子》（The Last Chair）、《和 VR》（The And VR）。

这些作品所关注的都是人与机器之间的互动，关注新的实体空间，关注私人空间与大众空间的混合。正像艺术团体"爆炸理论"（blast theory）评价《骑士说》那样，作品"让我们着迷于游戏和新的通信技术是如何创造新的私人和公众交织在一起混合的社会空间。它进一步提出了关于表演可能在哪里以及它可能采取什么形式的问题。公众骑自行车在城市中环游的过程，公众成为这部作品的合作者以及一种可见的表现形式"。

交互纪录片不是纪录片的主体，它不是要取代传统的影视纪录片，而是影视纪录片的补充。四种模式体现出用户与现实之间关系的四种不同新形态。沉浸式交互纪录片起始于游戏式互动，将参与者置于排除现实世界干扰的虚拟现实中；超文本模式是以网络为平台，以数据库的形态拓展传统影视纪录片的表现形态；参与模式则由用户提供素材，打破了传统纪录片制作过程中作者与观众之间的界限，也打破了传统纪录片的固定文本形态；实体空间模式则是将艺术带入现实世界，在互动性的舞蹈中，建立新的艺术与现实交融的混合空间。我们也需要注意类型之间的界限并不清晰，大量作品存在类型混杂的问题，类型问题并没有一劳永逸的解决方案，而在未来将会出现更多新的形态来挑战我们对交互纪录片的认知。

第六章　网络 VR 影像的发展与批评

北京桃河集团有限公司　孙宁

虚拟现实（Virtual Reality，VR）是通过数字技术制造虚拟环境，它将现实世界中无法体验的虚拟情景和假想空间营造得如同真实世界，并为受众提供视觉、听觉、触觉、嗅觉等多种感知体验。它创造了一种全新的三维视觉体验，受众要借助头戴式显示器和数据手套等工具才能感受仿真世界。[1]William R. Sherman 提出，受众与虚拟现实相互作用是 VR 技术的核心，如果虚拟现实无法对受众动向做出及时反应，那么就不能视为虚拟现实。2016 年虚拟现实技术爆发式地进入各个领域，涌现出来很多的 VR 设备，如 Oculus Rift、HTC Vive、索尼 Play Station VR，以及 VR 作品，比如《HELP》《Pearl》《Rain or Shine》，因此 2016 年被称为 VR 元年，在此之后，虚拟现实技术正式进入了大众的视线，成了电影的下一个风口。

---

[1] 王驰.VR 对影视艺术假定性美学的影响[J]. 出版广角，2016（23）.

一、网络 VR 影像的产生与发展

（一）VR 的发展阶段

第一阶段，技术体系成型阶段。VR 技术并不是一门新兴的科学技术，1957 年莫顿·海利希发明了体积庞大、构造复杂的 Sensorama，这是第一个 VR 设备，后被引用到了空军，帮助空军以虚拟现实的方式进行模拟飞行训练，直到 1994 年，日本游戏公司 Sega 和任天堂分别针对游戏产业而推出 Sega VR-1 和 Virtual Boy 真正实现了落地。由第一阶段的发展可以看出，VR 经历了技术从概念到落地，用户从军用到民用等方面的转变。而且在这一阶段，VR 存在设备成本高、体积较大、用户体验差等问题。

第二阶段，硬件研发期。在完成技术体系搭建之后，VR 进入了约 20 年的硬件研发期，致力于开发设计更轻便、用户体验度更好的产品。早在 1962 年，由 Morton Heilig 研发了名叫 Sensorama 的立体电影设备。这款硬件设备还不是完善的虚拟现实技术，有点像个人版的 4D 电影院。但是已经有了虚拟现实的思维雏形。在 1965 年的时候，美国的 Ivan Sutherland 博士研制的头盔式图形显示器（Head-Mounted Display, HMD）的出现，开始为虚拟现实技术指明了一个发展方向。其后的十几年里，虚拟现实技术一直在不断发展推进。期间也不乏很多不错的虚拟现实原型机的出现，比方说 1984 年推出的第一款商业虚拟现实设备 RB2，其外观造型与现在主流的虚拟现实头显设备很相似，而且还配有体感跟踪的手套来操作，但是售价高达 50000 美元起，这样的天价销量可想而知。1985年，NASA（美国国家航空航天局）研发出了LCD光学头戴式显示器，其内部设计结构被现在的虚拟现实设备厂商广泛采用，这套设备也设有头部和手部的追踪系统，但是也是因为研发成本太高，只适用于模拟太空作业等方面。正如上述所说，虽然这十几年虚拟现实技术一直在不断地缓慢推进，但是一直被大众所冷落，发展也处于少数边缘地带。伴随着计算机硬件和显示技术的飞速发展，终于在2013年，Ocolus公司在E3大展上发布了第一款高清虚拟现实头戴式显示器，这才将虚拟现实技术重新拉回到大众的视野中。紧接着在2014年，Ocolus被Facebook以20亿美元收购，同时，谷歌、HTC、三星等一系列的巨头都注巨资投入虚拟现实产业中，这才使虚拟现实技术正式开始进入大众的日常生活中。

　　第三阶段，开放平台、注重服务期。目前VR处于硬件研发、内容单一的第二阶段向开放平台、注重服务的第三阶段递进的过程中，整体来看，VR形态还未出现主流样式，操作系统方面互通性仍较差；内容提供方面各自为政，主要依赖于自有平台提供的影视作品和游戏；从服务来看，各大机构正在积极布局其线下体验店。近期Google宣布正在开发VR系统，或会采取开源的方式吸引更多开发者，未来会不会将其打造成VR时代的"安卓系统"，我们拭目以待。

　　当前，VR还是处于阶段过渡期，在这一阶段，硬件设备方面，几家巨头公司已经占据大部分市场，小公司或者创业公司想要从硬件作为突破口难之又难；从内容来看，自有内容发展到多样化内容提供，越来越多的创业公司从内容入手；从应用服务来看，更加注重线下服务如体验店等。

（二）VR 影像类型

1. 实拍类的 VR 影像

将虚拟现实技术与传统拍摄技术结合，首先需要改变的就是摄像机。传统的摄像机用一个个镜头的推拉摇移，再结合不同机位，在后期软件里面剪辑调色配音输出就可以了，一切都是在二维平面上完成的。但是虚拟现实影像需要拍摄到 360° 全方位立体画面，就得用多个摄像机组合或者专门为虚拟现实设计的全景摄像机来拍摄。

由于摄像机会把它周围 360° 所有的内容都拍摄到，所以拍摄现场在拍摄的时候是没有工作人员的，只有演员和摄像机。所有工作人员，包括导演都要待在摄像机拍摄不到的地方。拍摄结束后，所拍的视频素材是传统拍摄的 4 倍以上。如果用来拍摄的摄影机组是 6 个，那就要处理传统拍摄素材的 6 倍以上。不仅如此，由于摄像机组里的每个相机都只负责拍摄一个方向的画面，所以在剪辑之前，得先把所有拍摄的视频素材按照立体球面的 UV 展开图缝合，[①]并且把接缝处处理好，这样，二维平面的视频素材才能最终以 3D 立体的球形画面呈现给观众。这些做好了以后，后期部门还要将现场拍摄的一些相机线、灯光设备等现场设备利用 CG 技术处理，这样才能还原场景原本的样子，观众观看时才会有沉浸感。下面以谷歌 Spotlight Stories 工作室制作的一部科幻虚拟现实电影《Help》的制作流程为例来了解一下。

由于全景视频的拍摄流程全程都要比传统的影片拍摄流程难上几倍，所以拍摄成本非常高，就拿谷歌 Spotlight Stories 工作室拍摄的《Help》

[①] UV 坐标是指所有的图象文件都是二维的一个平面。水平方向是 U，垂直方向是 V，通过这个平面的，二维的 UV 坐标系。我们可以定位图象上的任意一个象素。

影片来说，仅仅 5 分钟的片长，就花费了 500 万美元的制作成本。制作时长更是长达 13 个月，相比目前同水准的院线科幻电影的制作成本和制作时长，这些简直就是天文数字。所以这也是现在拍摄类虚拟现实影像的缺陷：难度大，制作成本高，工期长。试想如果利用此技术去制作一部 90 分钟的院线电影，得需要多么高的成本，这还没有计算观影成本，每一套虚拟现实 HMD[①] 设备成本也在 5000 元以上，总的算下来已是天文数字。所以短时期内，虚拟现实影像走向院线虚拟现实电影还是比较困难的。

2. 三维动画类的 VR 影像

相比拍摄类虚拟现实影像来说，后期制作的三维动画类的虚拟现实影像就会显得更加适合与虚拟现实技术结合。因为三维动画的制作流程就是完全都在软件里进行的。不会像拍摄真实世界那样，片场有各种拍摄器械、灯光、电线，还有很多工作人员要藏起来，在三维软件里这一切都是不可见的，但又都发挥着其该有的功能。对于摄像机来说，也不用像实拍那样花 6 倍的价格买 6 个摄像机然后再利用 3D 打印技术制作组合骨架，只需要调整摄像机的参数，就可以直接渲染出已经缝合好的立体球形 UV 展开图的画面。这要比实拍类的虚拟现实影片省出将近一半的工作量。

虚拟现实动画和传统三维的动画相比，在技术流程上前半部分几乎没有变，都是同样的建模、贴图、UV、绑定、动画、灯光，只是在最后渲染的时候有传统摄像机改换为全景摄像机。

[①] HMD（Head-mounted display）头戴式显示器的英文缩写。

二、网络 VR 影像的特点及视觉体验

（一）VR 影像的特点

第一，影像物理空间概念的诞生。如果我们把平面纸媒看作一个只有长和宽的二维媒介，那么传统影像则是三维。我们都知道，无论电视还是电影都有帧率的概念，帧率其实就是快速刷新的画面，所以在二维的基础上增加了一个时间维度，使之成为一种活动影像。但即便是我们现在所谓的 3D 影像，其本质还是一个二维画面。而 VR 技术带来的一项伟大贡献是以全景视频为表现形式带来了空间的概念，从三维变为具有长、宽、高和时间的四维媒介。空间概念其实在影像表达中一直都是人们追求的，但在 VR 以前，空间概念只能通过各种影像语言无限地模拟和接近，而 VR 带来的革命是从影像上建立的空间为真实的物理空间，是可以触碰的，这也是沉浸式体验的物质保障。

第二，打破屏幕的边界。传统的影像都存在边界，从手机到电视，再到 IMAX 巨幕，无论什么画幅、什么宽高比，画面总存在一个边界。而 VR 的出现彻底打破了屏幕的边界，和真实的物理世界一样，你的周遭视野所及之处都是影像，没有屏幕的概念，没有边界。这是伴随 VR 而出现的一种全新的影像表达形式——360°全景视频。

第三，变客观为主观。观众相对于传统影像来说基本是客体，在心理感受上是旁观者。而 VR 影像通过第一人称视角带来的沉浸式体验，赋予了观众真实的主观视角和临场感，在心理感受上有强大的主观认同，

对于与影像的主客关系而言更加开放自由。

第四，变被动为主动。传统影像基本上都是被动式观影，传统影像的视听语言理论也是基于被动式观影的，观众对于影像来说扮演接受者的角色，观众作为旁观者难以参与剧情的发展，几乎没有互动。而 VR 影像的不同在于，真实空间引入之后，观众对于影像来说除了扮演接受者之外，也可以扮演参与者，观众有可能参与剧情、左右剧情，观众可以拥有更多方式与影像互动。由以上分析我们不难看出，相较于以往传统影像的表达形式，VR 影像至少在时空构建、屏幕介质、主观感受、互动方式四个层面上带来了巨大的变化。

（二）VR 影像表现形式分析

VR 影像的表现形式到底是什么？360° 全景视频就是 VR 影像的全部吗？还有没有其他的表现形式呢？

之所以提出这个问题，是因为当我们面对一个全新的影像媒介和载体的时候，往往因为新奇与兴奋只看到了它最显著的特征和最大的亮点，而与之相伴的问题则往往被忽视。毫无疑问，VR 的影像表达形式就是基于 360° 全景视频，而全景视频的最大特点就是观众可以在空间中自主选择观看位置和角度。这看起来是一件很好玩的事情，但随之带来的问题是，以往观看传统影像时观众躺在沙发上可以非常放松地观看，身体上的负担很小，但在 360° 全景视频的世界里，观众需要自己选择视点，甚至需要自己移动位置，身体负担变大，观影体验也绝非放松状态。如果只是一味追求不同角度的视觉刺激，则无疑是对观众颈椎和生理上的考验。

119

我们把视角再回到 360° 全景视频上，既然全景视频打破了屏幕的边界，也就意味着 360° 全景视频其实有着全面的兼容能力，可以兼容所有传统影像的屏幕表现形式。正是基于这一点，不难看出 VR 影像的表现形式是基于 360° 全景视频，但却有着非常多的可能性，以下笔者就 VR 影像的表现形式做一些可能性分析。

第一，360° 全景影像。完整球形的显示区域，观众被置身于一个完整空间中，观众需要转动颈部或移动身体来获取信息，拥有物理空间中全部的可视区域。360° 全景视频主要应用于以下场景中：着力表现整个空间场景的；强调沉浸式体验的；强调主观感受的；突出第一人称视角的；强调观众主动参与互动的。

第二，180° 半全景影像。半球形的显示区域，观众无须转动颈部，拥有覆盖整个视域范围的可视区域。180° 半全景视频主要应用于以下场景中：着力表现整个空间场景的；强调沉浸式体验的；强调主观感受的；突出第一人称视角的；不强调观众主动参与互动的。

第三，360° 全景单屏幕影像。虽然是完整球形显示区域，但在显示空间中有单一的二维屏幕显示区，观众无须转动颈部，拥有物理空间的全部可视区域，但观众的视线会集中在二维屏幕显示区，这是一种模拟传统观影的表现方式，可以平滑过渡的表现方式，也是最适于观看传统影像的表现方式。360° 全景单屏幕影像主要应用于以下场景中：着力表现传统影像视听语言的；不强调沉浸式体验的；不强调主观感受的；不突出第一人称视角的；不强调观众主动参与互动的。

第四，360° 全景多屏幕影像。完整球形显示区域，在显示空间中有两个或更多二维屏幕显示区，根据显示区分布决定观众是否需要转动颈部，观众视线会集中在各个二维屏幕显示区。这种表现形式允许观众拥有多个显示屏幕，可以在多个屏幕切换，其概念类似于我们计算机上的多窗口。360°全景多屏幕影像主要应用于以下场景中：着力表现传统影像视听语言的；不强调沉浸式体验的；不强调主观感受的；不突出第一人称视角的；强调观众主动参与互动的。

第五，混合式360°全景影像。这种形式综合以上多种影像表现形式，实现在传统二维影像和全景影像的切换，同时兼顾传统影像的蒙太奇叙事语言和沉浸式体验。是拥有最多影像语言可能性的一种表现形式。混合式360°全景影像主要应用于以下场景中：既表现传统影像视听语言又需要表现整个空间的；强调沉浸式体验的；同样强调主客观感受的；表现多种视角的；强调观众主动参与互动的。

以上是VR影像表现形式的一些可能性分析。再次强调，仅仅是可能性，因为VR影像打破了屏幕的边界，所以理论上其表现形式是没有限制的。

（三）VR影像的视觉体验

在使用HMD观看VR影像时，受众的视觉体验将与现实世界完全分离，只感知虚拟世界的内容。虚拟现实会根据受众关注点的变化，提供相应的影像内容。在这个过程中，受众得到非常真实和奇妙的体验，甚至可能完全忘记自己所处的现实环境。可以说，高精细度的图像、新颖的视觉角度，以及同步的听觉和触觉体验是强化受众沉浸感的核心要素。在VR影像体验过程中，受众拥有很强的存在感和自主性，这一点在画面走向的决定权上表现得特别明显，当前显示什么样的影像，可以说是由受众决定的，并且根据受众视线的移动持续变化。因为拥有选择权，受众在虚拟世界中可以体验丰富的影像效果，或者说，可以自己控制故事情节和节奏，这和游戏有异曲同工之妙，VR 影像导演只能引导受众观看故事，而不能决定受众如何观看故事，甚至可以说，VR 影像是根据观看的人的意愿提供特定的信息。

1. 视域的增广

考察影像表现的技术发展过程可以发现，从静态摄影技术到电影的产生，是具有长宽的静止二维平面影像添加时间维度的过程，电影电视都有帧率的概念，帧率就是每秒静态画面的刷新速率，利用人眼的视觉残留效应，人类将静态照片发展为动态影像。从无声到有声电影、从黑白到彩色电影，影像的感官体验被逐渐添加完善，根据巴赞所说的人类的"木乃伊情结"，完全复现真实的超写实影像必然是被步步逼近。

影像的物理空间的拓展与真实模拟实际上存在着很大技术难度，首要解决的问题就是如何摄录 360° 全景影像，半个世纪之前的摄像机庞大而笨重，我们无法想象黑白影像时期人们会在声音与画面质量还未完备之前优先考虑影像物理空间的拓展，人类"视觉欲望的释放"是循序渐进的，是和生产力技术水平相适应的，首先是对影像润色、润声、增强画质再到拓展物理空间和拓展除视听之外的其他感官体验，这也是虚拟现实技术直到电影诞生的百余年后才迎来蓬勃发展时期的原因。

无论是手机、计算机还是 IMAX 巨幕，在虚拟现实技术之前，影像画面总是存在视域的边界（画框），而虚拟现实技术的出现彻底打破并消融了这种边界，拓展了影像的物理空间，打破了传统影像"屏幕"的限制，影像能够首次以环绕场域的形式呈现在观众面前。虚拟现实技术可以提供360°的全景体验，理论上来说，某一瞬间人眼在VR设备中观察到的影像范围是其在这一瞬间提供的信息的1/12左右，因此，观看同一部VR电影的受众在同一时刻将有12种完全不同的画面，画面边界的消失带来的视域增广，进而产生观影体验的多样性与随机性，这正是虚拟现实的魅力所在。

2. 临场感增强

传统电影的拍摄镜头虽然可以转移受众视线，但其最终目的还是让受众站在主体的角度接受影像内容。VR影像与之的区别是，受众的视线可以随时改变，并且可以根据不同的视线观看不同的影像。这种视觉体验的转变不仅是从二维空间升级到三维空间，更是受众体验的本质改变。比如笔者曾观看《进化故事》《锡德拉湾上的云》《失明笔记：进入黑暗》这些VR影像，戴上HMD后，进入虚拟世界，仿佛自己就真的生活在这样的世界里，成为虚拟世界的主体。笔者大胆预测，当VR技术进一步发展，可能受众可以获得庄周梦蝶般的感受，即在虚拟世界的感受可能毫不逊色于在真实世界的感受。此前，在视觉文化的历史中，也有注重受众主体性的作品出现，比如用远近法创作的绘画作品和以受众为主体的电影，但VR影像实现的受众主体性是这些作品无法比拟的。传统电影由于拍摄角度的变化，视角也会持续变化，其通过剪辑组接的方式形成故事，赋予受众主体性；而VR影像是以受众的视线来支配影像，最终实现虚拟世界与受众感官的互动，与传统电影的主体性概念完全不同。由此可见，传统电影中的主体性不同于虚拟现实在统一的空间中实现的主体性。

在 VR 影像中看到的事物与现实中看到的事物是截然不同的，因此，受众的反应不同。比如在观看《进化故事》VR 影像的时候，受众可以凝视开向自己的火车，也可以转过脸来回避火车，但无法逃离所处的位置，而在现实世界里，受众第一反应大多是逃离当前位置。又比如在观看《锡德拉湾上的云》VR 影像的时候，受众可以跟随少年锡德拉的解说参观难民村，但这仅限于在一个镜头里移动视线。再比如在观看《失明笔记：进入黑暗》VR 影像的时候，受众并不是真的失明，而是沉浸于计算机技术营造的氛围中，虽然他们在一瞬间会感受真实的黑暗环境，但拿下 HMD，这种感觉就会消失。由此可见，虚拟现实创造的虚拟世界虽然仿真度很高，但与现实世界仍有本质区别，受众在现实生活中的状态和反应虚拟世界是无法完全模拟的。此外，虚拟现实虽然消除了媒介的存在感，但仍然离不开摄像机等拍摄装备。这表明，目前虚拟现实体现的无媒介（immediacy）仍需要依赖超媒介（hypermediacy）。

VR 技术使受众的观看方式发生了改变，依赖屏幕的影像与脱离屏幕边界的 VR 影像，从认知角度上看是完全不同的体验。马歇尔·麦克卢汉（Marshall Mcluhan）提出，比起媒介的内容，媒介的形式给人们的认知和感觉中枢带来的影响更大。任何媒介都是人类感觉和感官的延伸，形成了人的认知体验。当然，虚拟现实技术今后会如何延伸人类的感觉，如何建立人类的认知体验，是值得关注的问题。VR 影像改变了受众的体验方式，受众对影像的接收方式从被动变为主动。在传统影视中，受众扮演的是接收者的角色，只能听和看，不能参与其中实现互动。而在 VR 影像中，受众不仅是接收者，还是融入剧情的参与者，他们可以通过视线左右剧情。

VR 影视对于受众来说是一种颠覆式的体验,受众不再认为自己在观看由屏幕显示的影像内容,而是会觉得身处真实的世界里。

三、对网络 VR 影像发展中的问题批判

(一)全方位拍摄,造成剧情发展及表演困境

滑轨、摇臂、灯光设备等在 VR 拍摄中如何藏匿?这个问题展现了当前 VR 实景拍摄的尴尬境况,360°全景意味着 VR 摄像机所在的环绕场域需要"360°无死角",在使用传统方法的拍摄过程中,剧组人员和设备可以隐匿在摄像机另一侧,而虚拟现实影像的拍摄显然是要把剧组和设备逼至遁地的境地,有一种解释形象地将 VR 摄像机比作"爆竹",在点燃导火索(开机后),剧组人员要迅速撤离并隐藏起来。360°全景影像如果意味着灯光造型的缺失,运动镜头的缺失,那么这对于虚拟现实在剧情类实景影像的进一步发展是不利的,这也是为什么如今虚拟现实的两大类:VR 实景影像、VR 合成影像,后者的数量远远多于前者,因为 VR 合成影像依托的三维建模软件可以很好地隐藏虚拟摄像机与灯光,而在 VR 实景影像拍摄中就需要舍弃,此外,在 VR 实景影像中的两类:VR 剧情片、VR 纪录片,纪录片的数量远多于前者,这正是由于当前 360°全景拍摄舍弃了很多画面造型技术,加之观众"关注点随机"的问题,这造成了 VR 实景剧情片发展缓慢的问题。

此外，对于演员来说，360°全景拍摄意味着不存在出画的可能，表演的过程从VR摄像机开机一直持续到该镜头的结束，演员走位，场面调度都需要一气呵成，对于导演与演员来说都是不小的挑战（见图6-1）。

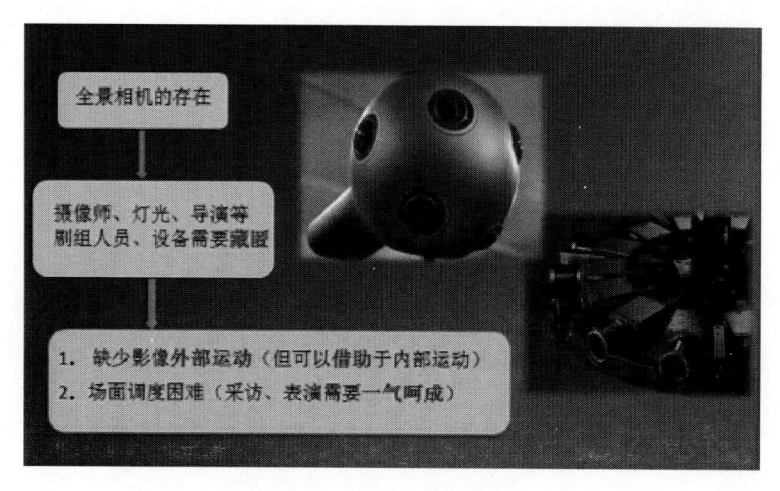

图6-1 全方位拍摄劣势

（二）构图取景框消失，阻碍主题思想表现

构图是造型艺术中艺术家为了表现作品的美感、主题和思想，在一定的空间内安排和处理人、景、物的位置和关系，从而把个别或局部的形象组成艺术的整体。中国传统绘画中，这称为"章法"和"布局"。摄影中构图是摄影师为了表达主题思想，在取景框内选择、安排和处理人、景、物的布局方法。构图就是对画面内容的取舍，是对被摄对象的选择与安排，具体操作在于选择拍摄位置、距离、角度、高度等，在取景框内控制被摄主体的大小、位置、方向，处理主体与陪体和背景之间的关系，以便突出主体、表现主题、表达思想。

构图以取景框为基础，以主体为对象，以主题思想的表现为目标。传统摄影具有焦距选择、变焦操作或拍摄距离的控制，能够较为自由地选择与控制主体的大小、位置，能够有效地突出主体，从而实现主题思想的表达。

VR 摄影机的全景定焦镜头则限制了画面景别的变化，其全视角场景呈现使传统构图的取景框消失，其无所不包、全空间再现，使框选和控制主体大小、位置的功能丧失，远、全、中、近、特不同景别对主体、陪体、环境的视觉表现差异不再受到控制，远取其势、近取其神的画面表现力被完全消解。VR 摄影机无法对观众进行特写等展示，对于所有事物的景别均为全景效果。同时，VR 也不具备对焦的能力，使观众在视角广度上得到震撼的同时，在视角深度上丧失了选择，即失焦现象。因此，VR 影像表现主题、表达思想的能力也大大削弱。

VR 影像的全视角呈现使之无法运用常规的构图技巧，构图观念被颠覆，构图的操作余地只留下摄影机的位置和高度选择，全视角画面中构图元素的"布局"只能依靠对被摄对象的安排和调度，VR 影像构图的特殊性给其记录和创作带来了一定的难度。

（三）蒙太奇语言缺失，影视叙事表意受限

蒙太奇有电影剪辑的含义，是电影中镜头关系与组合的理论，是影视艺术语言和影视叙事表意的基础。蒙太奇能通过镜头切分与组接，对事件的关键节点进行取舍，概括和集中事件进程；能自由地拓展影视时空表现，如人物的一个眼神或动作就可以转换到其他时空，数年的历程

可以压缩在一两个镜头内完成。蒙太奇能引导观众的注意力，推进剧情发展，强化主观意图；能强化对比、创设隐喻，激发观众的联想与思考；能控制节奏、制造气氛、调节观众的情绪，增强艺术感染力。影视艺术表现的魅力在于蒙太奇，以至于很多影视理论家认为没有蒙太奇就没有影视，蒙太奇是影视表现独特的思维方式。

由于镜头的切换会使人产生晕眩感，因而 VR 视频制品不能进行蒙太奇转换。即使是非常必要的场景转换也必须通过屏幕缓慢转黑再转入新场景的变换，才能使观众不产生晕眩感。频繁的镜头切换更是不可取，观众会尚不知自己身处何地就需要切换至下一个镜头，学者赫尔德和杜拉切（Held&Durlach，1992）即提出人对于自身所处的环境有一种位置上的幻想，而我们通过技术可以打破人们的视觉感官，却不能破坏他们的位置感，打破他们的幻想（position illusion），而当下 VR 摄制出视频的每秒帧数又不足，而由于切换的同时人眼也在转动，故此造成晕眩。[1]

影视的叙事、表意、抒情对蒙太奇法则具有高度的依赖，随着蒙太奇表现技巧在 VR 影像表现中的退隐，制作者对作品意义生产的操纵能力明显下降，最终导致意义的解读主要通过用户的体验以及用户与情境之间的互动来完成，实际上 VR 影像所奉行的视觉化生产逻辑已与传统的蒙太奇技法分道扬镳。[2]

蒙太奇的缺失对于 VR 叙事的长度和流畅性的影响是致命的，然而蒙太奇同样也是一种在时刻发展中的叙事方式，影视从业者始终在追求

---

[1] 张菁, 关玲. 影视视听语言 [M]. 北京：中国传媒大学出版社, 2008.
[2] 常江. 蒙太奇、可视化与虚拟现实：新闻生产的视觉逻辑变迁 [J]. 新闻大学 .2017（1）：55—61.

蒙太奇上的变化。蒙太奇是人们为了适应平面影视而发展出来的一种镜头语言。或许在 VR 影视制品量产之后，也能够创造出另外一种普遍适用的镜头语言。以当下形式来看，很多后期制作的手法，包括声音、染色、拼接等，都具备作为"VR 的蒙太奇"的潜力。

（四）置身虚拟现实，引发审美阻碍

VR 影像的出现，一方面创造了一种新的影像艺术呈现方式，但另一方面也给电影活动造成了一定的负面影响，导致了审美趣味的肤浅和消失，在康德看来，审美是静观的。一旦静观的状态被打破，就难以实现"无功利"了。只有不与客体发生关系的静观，才能使观赏主体实现自由的思考，一旦观者与审美对象发生关系，便被其左右，便难以实现"自由"的思考了。在 VR 电影体验中，人完全置身于虚拟现实的世界中，在这个世界，充满无所不能、无奇不有，人们感受着感官带来的一切享受，逐渐地失去了"自由"的思考，理性淡化，观众越来越重视视觉的享受，而忽略了电影的思想深度和内涵，促使电影的泛娱乐化，淡化了电影艺术的本质。

虚拟现实电影呈现给观众的是一个平时在客观现实生活中接触不到的世界，但同时，这些与现实时空和客观物质世界截然不同的世界都依赖于创作者脑海里的想象，然后通过技术将创作者脑海里的想象物进行处理，因此，虚拟现实技术激发了电影创作者的无穷的创造力和想象力，虽然创作者依赖于虚拟现实技术展现了一个多姿多彩的奇幻世界，但观众看到和感受的是电影艺术创作者的思想产物，观众沉浸在虚拟的奇幻

129

世界里，个人的主体意识被削弱，观众的可操作性被增强，渐渐地走向客体化。加上 VR 头盔使影像边界的消失，观看者与影像的距离没有了，降低了观众想象力的发挥。

四、网络 VR 影像的发展路径

（一）VR 影像的发展前景

随着这些电子巨头的加入，VR 虚拟现实会不会迎来它积蓄 80 年后的全面爆发？并且真正意义上走进家家户户，实现平民化？

虽然这次 VR 的爆发比前几次都要凶猛，而且最重要的是整体大的环境已经为 VR 做好了充足的准备。技术方面发展更加成熟，例如画面渲染的能力和其他一些客观条件，还有现在手机方面，智能手机的发展也为 VR 提供了很好的平台，尤其是它的价钱比起之前的几次更加的便宜和亲民，但是还是不能够说明它的成熟，同时还是有很多不足，比如它依然存在很多，还有噪点，在产品的体验上依然存在很多不成熟的地方。

如果要让 VR 得到更大众化的运用，必须让它有一个更规范的形态。例如现在人手一部的手机，它有一个具体统一的形态。就像人们提到 VR 就能想到它的样子，并不是只存在一个模糊的概念。而我们现在市面上的 VR 产品形态各异，没有一个规范的形态，比如现有的 VR 产品，有跟手机相结合的简易产品，Samsung 的 Gear VR 和 Goggle Cardboard 等，这一类的产品非常便携，但是因为简易，所以画面体验非常的有限。还有和计算机相结合的 VR 产品，比如 OculusRift 这类产品的画面质感会比和手机相连的简易的 VR 设备好得多，而且浸入感强，但是它又非常的不便携，移动起来很麻烦。

然而说到 VR 有一个我们不得不提一下，那就是大家都比较熟知的另外一个热门，微软公司的 Hololens，也就是全息技术 AR，也叫增强现实技术。大家很容易把两者混为一谈，但是从本质上来说还是有区别的。简单地说，它和 VR 的区别在于它是可以在现实的世界里编辑生成出新的画面，应用范围非常广阔，而且开发的难度更大。而 VR 的功能更偏向于给体验者更多方面的感受，更倾向于娱乐体验。但相信在两者发展的道路上最终会有一个很好的交集点，使二者真正更紧密地结合到一起。当然目前也有很多人将 AR 划分成 VR 下的一类。

便携式的和手机相连的 VR 设备，对于体验者来说，舒适程度，画面的细腻程度，镜片的距离以及连接感等方面都有很高的要求。目前 VR 产品生产公司的技术参差不齐，导致产品体验也有很明显的差别。另一方面和计算机连接的 VR 产品，体验确实效果更出众一些，尤其是商场里的 VR 体验加上特定的动态座椅，让人有种身临其境的感觉，坐过山车的失重感体现得淋漓尽致，再结合立体音效和互动画面，使人不知身处场景是真是假。当急速下落时心里的恐惧都是那么的真实，它的感觉就好像跳过了身体，直接反应在大脑里的感受一样，感觉比现实更加的刺激，虽然它的画面并不是那么完美但是代入感很强。总的来说，目前的 VR 可以给人一种全新的体验，可是产品的内容不够丰富，依然

131

停留在"概念"的阶段，还有相比 AR 来说它的应用领域还是太过局限，无法在事件直播、视频游戏、房地产、医疗保健、教育、工程、军事等领域有更大的作为，这点需要 VR 的研发团队做出更多的努力和投入。

据高盛分析报告指出，2025 年的乐观估计，AR、VR 等头戴式虚拟设备的销量规模会超过平板电脑和电视的销量，而正常的估计和悲观的估计显然不尽如人意，相对于平板电脑和电视还是有一段不小的差距。再对比平板电脑和智能手机的市场价值来说，AR、VR 虚拟设备的成熟发展速度要远低于平板电脑和智能手机的发展研发速度，就单从智能手机来说，苹果手机出现之前的智能手机发展速度并不快，但是对比 AR 和 VR 虚拟设备来说发展速度还是相对较快的。当然通过这些数据和介绍并不是对 VR 虚拟设备的不看好，因为目前的 VR 虚拟技术仍然处于一个相对较初级的阶段，它的发展和挖掘潜力是巨大的，它的发展还需要耐心等待，也许不久将来的某一个阶段，VR 虚拟会走到一个非常成熟接近完美的时期，并不是现在这样只停留在一个初级的意识概念阶段，只能用一个新颖的概念达到吸引眼球的作用，而是真正地能够走进人们的生活中。

（二）VR 影像与"完整电影"理念的契合

电影，尤其是运用蒙太奇手法的商业电影，往往通过安置好的"剧情关卡"以及配套的蒙太奇手段来激发观众的情感，这种"安置"使电影成为制造情感的机器，运用蒙太奇手段分解完整连续的影像素材，通过剪辑将多个画面有机组接，产生原本素材所不具有的意义，从而强制观众进入某种情境，引导观众体会导演意图。这种"蒙太奇美学"几乎蕴藏在我们当前所见的大部分影像视频中，无论是通俗的大众影像艺术还是殿堂艺术。如果安德烈·巴赞得以看到21世纪的影像艺术景观，他可能会失望于其长镜头美学的衰落，巴赞的"长镜头理论"更多地被用在一些文艺片以及纪录片中，他的长镜头与景深理论要求通过适当的场面调度，尊重拍摄事件发生的时间进程，并把这一进程如实地呈献给观众，不采用蒙太奇手法对连续影像进行剪切，不限制也不强制观众对于事件人物的知觉，从而可以再现事件的自然运动。

巴赞的影像美学观点可以概括为"总体现实主义"，这也是他自己在《摄影影像的本体论》一文中提出的美学思想，"总体现实主义"区别于爱森斯坦、普多夫金的"分解现实""分解的现实"就是通过多重选择与把关而成为最终的蒙太奇影片，最终得到了单一意义的影像，而生活与现实本身是多义而暧昧的，巴赞的本意就是保留并向观众展现生活的多义与暧昧，进而去分析与把握现实生活的本质，他认为蒙太奇对于客体运动空间的割裂是剥夺了观众自由选择关注点的权利，是一种导演将人为意图强加给观众的做法，他虽然也并没有完全排斥蒙太奇的手法，将蒙太奇看作一种次要手段，反对蒙太奇在完整客体事件进程中的过渡使用。

"长镜头理论"反映出巴赞对于揭示世界样貌与本质的摄影影像途径——用完整连续的影像来保留客体的整体性与多义性，他的"景深理论"，也同样反映其"总体现实主义"的美学倾向，他强调景深镜头的重要性，因为景深镜头可以展现事件空间的多个层次，保持了中后景的清晰度，观众可以选择性地观看某个层次的内容，了解到拍摄客体与空

133

间环境、客体相互之间的关系，带来了丰富的观影趣味，有别于特写或近景镜头强制性地拉近了看，景深镜头是对观众的引导，体现了"总体现实主义"美学对于客体时空完整性与多义性的尊重。

此外，在电影的起源问题上，巴赞也保持其一以贯之的"完整电影"理念，与马克思主义者认为电影是生产力发展的产物不同，巴赞更多地把电影的诞生看作人类的美好愿景，"支配电影发明的神话就是完整的现实主义的神话，这是再现世界原貌的神话……"[①] 人们对于电影的愿景与渴望，促成了电影的诞生，进而将西方绘画从再现与表现的徘徊中解脱出来。

如今，虚拟现实技术的蓬勃发展为影像艺术提供了更多的可能，环绕的影像场域，完整的视听体验，沉浸的媒介属性，似乎正在一步步实现巴赞"完整电影"的理念以及"总体现实主义"的美学。首先，虚拟现实中蒙太奇手法的极大弱化，使其仅仅成为场景转换的工具而非表情达意的裁剪，这与"长镜头"拍摄如出一辙；其次，现实多义性与完整性，也同样被虚拟现实保留下来，无论是在虚拟现实的实景影片还是数字合成影像中，如果在环绕场域中没有"引导观看"的事物，观众很容易进入漫游状态，而忽视剧情或者是影片中所记录的重要细节，这实际上反映了虚拟现实提供了比"长镜头""景深镜头"更为丰富的信息，这种丰富性在一定程度上增强了观影体验，但也会出现"关注点分散"的问题。

虚拟现实保留了现实的多义与完整，在纪录片中更体现出这种保留的优势，事件如同在眼前发生。临场感的增强一方面来自虚拟现实的

---

① 安德烈·巴赞. 电影是什么？[M]. 崔君衍, 译. 北京：文化艺术出版社, 2008.

物理属性，环绕场域提供的封闭环境与多感官交互，是沉浸的三个层次——空间沉浸、感官沉浸、情感沉浸得以实现的基础；另一方面，就是来自"长镜头"般的总体现实主义美学，将事件进程完整保留下来，不做分解与拼接，让观众在知觉和心理上对事件有完整的感受，"完整电影"产生完整的感受，从而可信与真实。

（三）VR 影像摄制方式的改变

在 VR 影像里，艺术家们最大的担心就是开放的视觉环境会分散观众的注意力，观众们会因为太过自由而将注意力转移到其他不重要的视觉元素上，从而导致叙事的失败。

虚拟现实电影的特性使一些经典的电影语言失效，比如电影手法中的景别构图，这几乎是电影的基本手法之一：通过框选不同的景别，将观众注意力锁定在不同的层次，以此来产生良好的叙事和造型效果。全景能展现周边环境，使叙事更加客观；中景能展现演员肢体动作，使表演更加立体丰满；近景可以更好地刻画演员的神情，从而了解角色的心理状态；特写能引导人们注意可能被忽略的细节。当传统的景别构图失效，观众们获得视线的主动权，如何重获观众注意力，进而推进叙事成了新的问题。

1. 巧用空间影响注意力

电影是同时具备空间属性和时间属性的艺术，在虚拟现实技术下，空间的感知度会更强，当景别构图失去意义时，镜头与被摄物体的远近能直接影响观众对物体的注意力，这点也跟景别的原理有共通的地方——通常景别越小观众对被摄物体的感知越近，也就是说如果我们要让观众对被摄物的注意力发生变化，最直接的方法就是改变摄像机与被摄物的距离。

建构特殊的空间也能引导观众的注意力，比如狭长的通道这种场景，类似于这种场景的空间能突出空间两端的重要性，视觉上会更加重视这两端的事物，在短片《Help》中，几段追逐戏都发生在狭长的空间，比如地下通道、地铁车厢，这个空间结构就让观众们非常明晰追与被追者二者的关系，能清晰地捕捉到想要的信息。在不太符合这种特点的空间里，电影人也能通过道具或摆设布置类似的效果。

此外，摄像机在空间内的位置也会对观众视线造成影响，如果摄像机是摆在靠近地面的低角度，观众的下意识肯定是抬头看，如果在天花顶则相反。而将摄像机置于空间的一角，观众的注意力肯定不会放在背后的墙壁上，自然会将其集中在身前一个有限的角度里。

2. 灯光与颜色突出主体地位

在传统的电影制作过程中，也会用到同样的办法来突出主体。一个空间内灯光的强弱对比会对人们的视线进行一个引导。图 6-2 是电影《霸王别姬》中的一个镜头，强烈的明暗对比使光亮中勾勒的段小楼、程蝶衣二人分外引人瞩目。这不是一个个例，太多电影里都有这种凸显主体的处理。

通过颜色的处理来控制观众注意的应用就更宽泛了，一方面，电影拍摄前期就会对现场的颜色进行控制；另一方面，电影技术数字化以后对电影的调色更加方便，后期可以通过软件对影像颜色进行深度控制，从而达到满意的效果，在突出主体方面，颜色的饱和对比、冷暖色对比都是不错的方式。

图 6-2 电影《霸王别姬》截图

3. 利用声音辅助空间定位

不可否认的是，一部成功的电影需要声音与画面的完美结合，声音在电影造型、叙事、渲染情绪等方面发挥着重要的作用，而且这种作用非常隐蔽自然。在虚拟现实电影中，声音的优点更是不止于此：人的视角只能顾及开放场景中的一侧，立体声却是可以时刻提醒你情节发生的空间点，通过有效的声音设置能将人的注意力拉回到应该注意的地方。

4. 尝试控制视线

这是个反其道而行之的方法，在观众获得视线选择的主动权后，可以用一些特殊的方式把视线再重新控制住，这种控制在需要精确的画面表述时可以使用。在 VR 预告片《攻壳机动队·新剧场版》中，制作者采用了一种比较粗暴的方法，在一些场景里，直接采用割舍将近一半多视角（用黑场的方式），这样观众就只有这一部分可以看，注意力自然被"控制"到有影像的画面上（见图 6-3）。

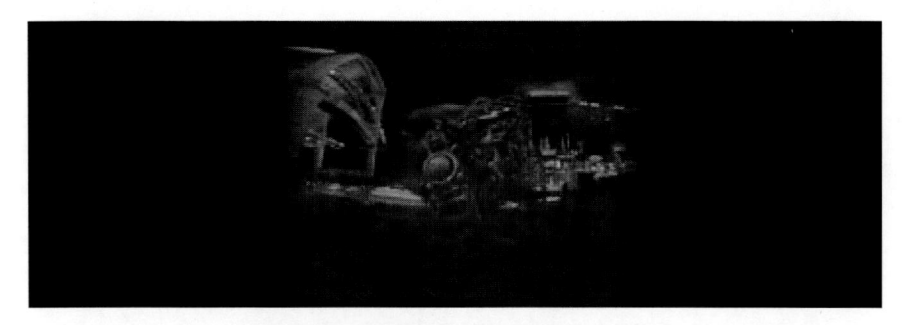

图 6-3 《攻壳机动队》VR 预告片截图

《火星救援》在处理一个画面时采用了更加巧妙的方式，电影制作者们在电影主观视角上利用宇航服的头盔进行二次构图，这样观众的视线只能集中在头盔所能看到的区域，这样也使观众的视线和主角的视线达到一致性（见图 6-4）。

图 6-4 《火星救援》VR 短片中的主观视角

无论是巧妙地利用道具进行二次构图，还是直截了当地去掉一部分画面，都体现了导演想把握主动权的愿望，特别是这种直接去画面的方式，这种方式的处理在适当的地方也不会显得突兀，毕竟一个片子下来不会所有的镜头都适合做全视角叙事，有些需要加快叙事节奏的地方，用这种方式做会更有效率，观众也不会扭头关注其他地方，因此笔者觉得，这种直接控制视线的方法在虚拟现实电影叙事里也是必要的补充。

5.剪辑节奏

在虚拟现实特性的分析中我们也提到过，由于其沉浸特性，营造逼真的深度沉浸的视听场景必然是虚拟现实电影最厉害的"杀手锏"，再本着电影的奇观本质，利用这一特性制造视听奇观肯定能发挥虚拟现实电影最大魅力的方式。可以预见，虚拟现实电影的剪辑节奏会慢下来，长镜头的使用在虚拟现实电影里将会成为主流，因为长镜头更有利于观众的沉浸和感知电影里精致的环境，不必要的剪辑将会被尽可能地避免，而转接的地方也会采用更加顺畅自然的方式。

虚拟现实技术在近几年发展迅猛，全景影像、多感官交互，观影体验提升的表象背后，带来的是对传统影像的变革。虚拟现实首先作为技术媒介而存在，它消弭了传统平板电脑媒介的"边界"，使观众处于影像声色的环绕场域中，打破了观众与荧幕之间的"第四面墙"，增强了临场感，营造出"在场"幻觉，较之传统的观看模式，观众更易进入沉浸状态，从感官沉浸到情感的沉浸，好的虚拟现实影片将给观众带来更深刻的内心触动，更为"感同身受"。

本论文对于 VR 影像的发展阶段进行了阐述，并且对 VR 影像进行了分类，归纳出两类影像的特征，从而展现出 VR 实景拍摄技术与 VR 数字合成技术的艺术可能性，进而在运用虚拟现实技术进行艺术创作时可以有所选择，例如实景拍摄适合影像纪录且具有很好临场体验，但缺乏交互性，摄像机运动也不如传统拍摄与 VR 数字合成技术来得丰富与灵活，VR 影像虽然可以使观众置身于虚拟现实，但是会引发审美阻碍。

139

在此情况下，本章提出了网络VR影像的发展路径。目前VR技术与影像的结合还不够成熟，VR影像的虚拟现实重在全景式沉浸体验，而交互体验还很难实现，交互的形态、内容有待技术的开发和创新。业内人士要想制作成熟的VR影像还需要学习大量的专业知识。

第七章　女性向恋爱游戏的"白日梦"

东北师范大学传媒科学学院　温彩云　周宣任

电子游戏是继绘画、雕刻、建筑、音乐、诗歌（文学）、舞蹈、戏剧、电影八大艺术形式之后被人们公认的"第九艺术"，更被认为是一种生机勃勃的大众艺术。电子游戏的诞生让艺术发生了新的变化，它是艺术与娱乐的结合体，玩家成为艺术的创造者，"电子游戏……是一种新的文化。有些人甚至认为电子游戏是动态的叙事方式的巅峰"[1]。一个强大的电子游戏可以跨越语言与文化的障碍，成为人与人新的交流方式。与其他艺术形式不同的是，游戏用交互性的艺术语言为玩家创造了一个虚拟世界，并在这个虚拟世界中创造了异于现实世界的完整世界观。玩家则发挥幻想能力，推进游戏叙事的发展，构建起自己独特的虚拟空间，让游戏世界与现实世界形成互渗的交互效应。同时，由于网络游戏与其他艺术形式的易于交融，让游戏产业也成了拉动传媒产业发展的三

---

[1] 查尔斯·斯特林.媒介即生活[M].王家全，等，译.北京：中国人民大学出版社，2014：193.

大动力之一。2017年，中国网络游戏市场规模约2354.9亿元，同比增长31.6%，其中移动游戏市场规模约1445.8亿元，占比突破60%，同比增长41.4%[1]。在普华永道发布的《2018—2022娱乐及媒体行业展望》中，2017年，中国游戏用户量超过5.8亿。《2018年全球游戏市场报告》指出，根据数据统计机构Newzoo2018全球市场报告的数据，全球游戏市场将达到1379亿美元的市场规模，较上一年增长162亿美元[2]。目前，随着中国手机的普及和光纤网络及移动4G网络的全面普及，移动游戏成为网络游戏市场中最大的细分市场，网络游戏从PC端向移动端转移。2017年，热门客户端游戏的类型集中度较高，角色扮演类游戏数量占有较大优势，约48%[3]。

在日益火爆的游戏市场中，女性玩家的快速增长颠覆了游戏市场的男性玩家的霸主地位，据统计，2017年新增手游用户中，54.4%为26~35岁用户，女性占比43.2%[4]。过去一年女性手游用户渗透率较为稳定，截至2018年2月，渗透率为34.6%，用户规模为3.67亿[5]。游戏研究员理查德·巴特尔把游戏用户分为4类：成就者，喜欢不断升

---

[1] 网络传播杂志.中国互联网发展报告 [EB/OL].（2018-07-12）[2018-07-20]. https://mp.weixin.qq.com/s?__biz=MzA5OTA2OTU5Mg==&mid=2651478036&idx=1&sn=a8b0d87e534e08de27937d22de25919e&chksm=8b7903e3bc0e8af5fc9cdb255130786afdd9da2951955f287c4356d2ed9f89d8397e44b12020&mpshare=1&scene=25&srcid=0712TqzlZ68MNqyWWipKeWPe#wechat_redirect.

[2] 艾瑞网.2018年全球游戏市场报告 [EB/OL].（2018-06-21）[2018-07-10]. http://news.iresearch.cn/content/2018/06/275177.shtml.

[3] 新华网.2017年中国游戏行业发展报告 [EB/OL].（2017-11-27）[2018-07-10]. http://www.xinhuanet.com/info/2017-11/29/c_136786870.htm.

[4] 极光大数据.2017年手机游戏市场研究报告 [EB/OL].（2018-02-05）[2018-07-10] https://www.jiguang.cn/reports/219.

[5] 极光大数据.2018年2月女性手游用户研究报告 [EB/OL].（2018-03-20）[2018-07-10]. https://www.jiguang.cn/reports/238.

第七章 女性向恋爱游戏的"白日梦"

级和获得徽章；探险家，喜欢寻找新的内容；社交家，喜欢和朋友在线互动；杀手，喜欢对抗，喜欢 PK。如果说男性玩家更倾向于探险家和杀手，那么女性玩家则更注重游戏的社交性和成就感。针对二次元女性的恋爱养成类游戏正是极力满足女性的虚拟社交性与完美理想成就感方面的典范游戏，迅速开拓了一个新的市场。

2017 年 12 月刚上市的《恋与制作人》恋爱手游，第一个月的月流水就接近 3 亿，下载量 710 万，每日活跃用户数量达到 200 万以上，女性玩家占 91%。与此同时，游戏中的虚拟偶像"李泽言""许墨""白起""周棋洛"等形象在社交网络上迅速传播，成为 2017 年年底最具话题度的游戏。在这款游戏中，女性玩家以女主角的身份经营自家负债累累的影视制作公司。在经营公司的过程中，她会获得 4 名男主角（总裁李泽言、科学家许墨、特警白起、明星周棋洛）的倾力相助。在获得不同男主的帮助后，玩家会触发相应的剧情，并分别与 4 位男主角建立恋爱关系。与以往游戏不同，这款游戏有短信、电话、朋友圈、公众号 4 个功能选项。随着剧情的推进，这 4 个功能选项会逐步解锁。女玩家通过这些选项，能和男主角们进行电话、短信等交流互动，并推动剧情的发展。在游戏过程中现实与虚拟之间界限很难分清，许多女玩家深陷其中。玩家们在社交网络上纷纷以"白夫人""李太太""许墨老婆"和"周萌萌妻"等身份自居。

女性向恋爱游戏起源于日本的"乙女游戏"[1]，游戏中的男主角为

---

[1] "乙女"（おとめ）是指年龄 14～18 岁的未婚女孩。"乙女游戏"则是女性向游戏的一个分支，是以女性为主人公（玩家）、男性为可攻略角色（可攻略男性多于 2 人）的 BG 恋爱养成游戏。1994 年，日本光荣（KOEI）发布《安琪莉可》，以及之后推出的《遥远时空中》系列、《金色琴弦》系列等多部作品，被视为乙女游戏的先驱。此后，乙女游戏在日本掀起热潮，据数据统计，2016 年，日本乙女游戏市场规模已经超过 150 亿日元。

优质男性，恋爱的情节感人至深，场景华丽优美，女性玩家在偶像剧般的剧情中与梦想中的优质男性发生浪漫完美的爱情故事，虽然游戏本身属于交互式虚拟现实（PVR），但却能因为其情感投入让玩家产生深入的情感沉浸式的游戏体验。《恋与制作人》一举超越之前的宫斗同人游戏等恋爱类游戏，在女性手机游戏中的位置居高不下，也超越了开发商叠纸公司之前的女性换装游戏《奇迹暖暖》，在国内的女性向恋爱游戏中是一个开创性的典型。本章即以《恋与制作人》为例分析我国女性向恋爱游戏的"恋爱游戏"与"白日梦"特征。

我们认为，"恋爱游戏"包含两层含义：一是本属于私人情感体验的恋爱以游戏的形式出现；二是游戏玩家以游戏的态度在现实世界（实际上工作、生活、恋爱的空间）和虚拟世界（游戏中工作、生活、恋爱的空间）中自由切换，却可能并未意识到两个世界的关联是什么。这里，"恋爱"具备了游戏的形式和游戏的态度两重的含义。而"白日梦"，正是"恋爱游戏"的本质或目的。1908年，弗洛伊德在《创作家与白日梦》一文中就指出艺术的实质就是白日梦。他认为，儿童通过做游戏获得现实世界无法获得的满足感，成人在创作中也体验着"白日梦"，从自己虚构的艺术中获得梦想，"他现在做的不是'游戏'了，而是'幻想'。他在虚渺的空中建造城堡，创造出那种我们叫作'白日梦'的东西来"。[①] 如今，在网络游戏中，艺术家创设游戏规则与场景，玩家通过互动打造独特的游戏经历，二者所做的与弗洛伊德的创作家一样，通过游戏的方式获得现实世界难以企及的"白日梦"。

---

① 伍蠡甫，胡经之. 西方文艺理论名著选编（下）[M]. 北京：北京大学出版社，1987：3.

一、女性向恋爱游戏的"白日梦"特征：虚幻叙事的沉浸表演

　　游戏最令人沉迷的是其有即时的反馈和故事性，女性向恋爱游戏首先是构造浪漫的爱情故事，然后玩家在游戏过程中发出的每一个指令都有即时的反馈，随着剧情的推进让玩家一步步陷入预设的叙事，达到一种深度沉浸感。戈夫曼认为，人在现实生活中与他人的互动都可以看作一种表演，表演的目的在于表达意义。他在作品中引用了罗伯特·E. 帕克的话："人这个词，最初的含意是一种面具，这也许并不是历史的偶然，而是对下述事实的供认：每一个人总是并处处都或多或少地在扮演一种角色……正是在这些角色中，我们相互认识。正是在这些角色中，我们认识了我们自己。"[1]实际上，玩家在游戏中的沉浸式体验也是一种表演与自我呈现，只不过网络媒介改变了传统的社交方式与生活方式，人们的自我呈现方式与日常生活中的表演方式已经发生了巨大的改变，虚拟空间取代了现实空间，虚拟角色替代了现实生活中的交际角色。在网络游戏中，自我呈现有了更大的创造与表现空间。在《恋与制作人》中，女主角色虽然具有故事性和预先的剧情设置，但是其本身没有任何主观思想和情感，玩家在游戏过程中将自身的思想意识、主观情感全部投射到角色身上，角色就具有了生命，成为玩家通过表演过程呈现的虚拟自我。

　　首先，表演者同时兼任观众。在网络虚拟的游戏世界中，表演者

---

[1] 欧文·戈夫曼. 日常生活中的自我呈现 [M]. 黄爱华, 冯钢, 译. 杭州：浙江人民出版社, 1989：19.

自身扮演的是其在日常生活中无法企及的理想角色，与理想的虚拟对象构建剧情，"他成为表演者和同一表演的观察者"①。从而产生一种"复杂的自我欺骗"和"自我疏离"。女性向恋爱游戏中的自我表演更像是一种私密的个体体验，等同于约哈里窗口的秘密区域和未知区域。

其次，恋爱游戏的场景就是"舞台设置"。戈夫曼所指的"舞台设置"（setting）包括家具、装饰品、摆设，以及其他一些为在舞台设置前面、里面或上面表演大量人类活动提供布景和舞台道具的背景项目。在女性向恋爱游戏中，"舞台设置"非常类似，游戏的情境、服饰装备、游戏规则、预设剧情等都属于表演的舞台设置背景。如《恋与制作人》中的可爱、清新的城市环境、影视公司内景、预设的爱情剧情、浪漫的爱情物品道具等都为自我呈现提供了一个表现的舞台。

再次，游戏角色的设定则可以称为"个人前台"。按照戈夫曼的理解，"个人前台"指谓表达设备的其他项目，是与表演者自身同一的部分，如官职或地位的标记、服饰、性别、年龄和种族特征、身材与外貌、言谈方式、面部表情、躯体姿态等。这是恋爱类游戏中最重要的表演部分，是游戏角色的魅力构成，比如《恋与制作人》中四位男主角的青年科学家、霸道总裁、特警、明星等身份，帅气的外貌，或温暖或霸气的言谈方式等都让自我呈现具有具象化的依托。

最后，玩家的现实生活可以称作表演的"后台区域"。前台进行特定的表演，与表演有关但与表演并不一致的行为则发生在后台，这里呈

---

① 欧文·戈夫曼. 日常生活中的自我呈现[M]. 黄爱华，冯钢，译. 杭州：浙江人民出版社，1989：78.

现的是被掩盖的事实。

除了拥有上述的戈夫曼按照戏剧表演的传统装置外，《恋与制作人》利用网络媒体所达到的表演沉浸效果更明显，游戏世界是虚拟的，但是体验却是真实的。在游戏营造的仿真世界中，玩家尽情忘我地进行浸入式表演。《恋与制作人》的舞台设置同时利用视觉与听觉的感觉体验让表演效果更逼真，其视觉设计采用了二次元女性最喜欢的粉色系列，整个环境显得明亮干净，充满梦幻色彩，听觉设计上更挑选了一线配音演员张杰、夏磊等，让玩家在解锁了关卡后，能独自享受来自流量小生的情话，甚至能在耳机中听到男主的呼吸。在后文的访谈中，我们也可以看到游戏中设置的好听的男主声音是吸引玩家的重磅炸弹。此外，游戏对玩家的生活式代入也是增加真实感的重要途径。通过游戏中的手机系统，玩家可以接到男主的电话和短信，可以查看他们的朋友圈并进行评论留言并得到回复，可以查看公众号，如同现实中在自己的手机界面上一样。这种通过互联网技术达到的高度仿真模拟体验让表演深入玩家的生活中，加上前述视觉和听觉的双重体验，表演者沉浸感更强。

二、"白日梦"的原因：虚拟世界中的理想角色

1. 女性向恋爱游戏的"白日梦"源于虚拟理想自我的建构需求

米德曾经指出自我产生的两种背景：一是动物之间的合作活动的姿态对话；二是游戏和竞赛活动。在网络游戏中，玩家通过游戏的方式与

自我进行沟通对话，又通过角色扮演的方式控制角色，同时获得从外部观察自己的视角，深化自我建构过程。从心理学角度说，人的早期社会化建立与调整了自我的身份认同，这是个体与周围现实世界通过复杂的互动关系而最终形成的，一般在成年后这种身份认同很难被改变。但是，在网络恋爱游戏中，玩家可以轻易地在现实生活与虚拟世界中进行不同的身份转变，早期的身份认同理论已经被轻易打破，玩家可以在成年后继续修改自我的身份认同。甚或，玩家在虚拟世界中的身份往往与现实生活中的身份截然相反，本来用来逃避现实的虚拟世界，开始改变现实生活中的身份认同。

虚拟世界给予玩家的身份体验往往远离现实自我，而是更接近理想自我。玩家在虚拟世界中可以自由自在地追求现实世界可能永远无法得到的理想身份，从而产生类似"白日梦"的梦幻效果。女性向恋爱游戏建立的虚拟世界中，玩家的身份往往是现实世界中无法企及的完美性别形象。在《恋与制作人》中，玩家的角色身份虽然濒临破产，却也有一个继承的产业，何况其本身拥有天生的甜美外貌，性格是外柔内刚，并且随着游戏的推进她还具有根据梦境来预测未来的超能力，在本质上她仍属于一个"玛丽苏"原型，同时她还拥有很强的异性缘，在剧情推进中她能得到不同身份的理想男性的帮助。在女主的外貌设定上，由于《恋与制作人》是《奇迹暖暖》原班人马打造的，因此《奇迹暖暖》中女主的尖下巴、大眼睛、比例完美的身材，身穿华美服饰的完美公主的形象在《恋与制作人》中得到延续，而《恋与制作人》也同样充斥着二次元人物动漫风格的唯美形象。

现实生活中女性对美丽都有无法抗拒的渴望和追求，对外表的追求也衍生了对服饰与妆容的渴望。但是，生活中的多数女性都无法拥有社会认同的极致美丽的外貌，因为财力与精力的限制，也很难随心所欲购买喜欢的服饰。这种现实的缺乏导致的身份焦虑可以在网络游戏中得到缓解，在游戏中玩家可以有无可挑剔的外表和身材，可以随心所欲挑选喜欢的服饰，可以轻易改变不同的妆容，从而实现理想自我的梦想。正是在这个意义上，玩家在女性向恋爱游戏中通过理想虚拟自我的建构，是自我身份认同的理想化，是现实生活中被压抑的本能欲望的体现，是玩家的"白日梦"的具体表现。在这里，自我是"白日梦"的主角，如弗洛伊德所说："自我陛下……是每一场白日梦和每一篇故事的主角。"[①]

2. 女性向恋爱游戏的"白日梦"源于现实缺乏的性别角色期待

网络游戏之所以吸引众多玩家，在于其能满足玩家在现实世界中无法获取的"缺失性需求"。"白日梦"的特点有二：一是其脱离现实的理想化特质；二是其对玩家的心理补偿作用。弗洛伊德说过："我们可以断言一个幸福的人绝不会幻想，只有一个愿望未满足的人才会。幻想的动力是未得到满足的愿望，每一次幻想就是一个愿望的履行，它与使人不能感到满足的现实有关联。"[②]因此，不但女性向恋爱游戏中的玩家在游戏中的身份是理想自我的模型，而且其交往对象也是理想的性别角色，二者都是玩家的心理补偿方式。

如上所述，在现实生活中，囿于环境的限制，多数人都无法找到心目中最完美的对象，每个人在面对生活困境时也不会像影视剧中那样总

---

① 伍蠡甫，胡经之. 西方文艺理论名著选编（下）[M]. 北京：北京大学出版社，1987：7.
② 伍蠡甫，胡经之. 西方文艺理论名著选编（下）[M]. 北京：北京大学出版社，1987：4.

是遇到帮助自己的人。但是，在女性向恋爱游戏中，这些幻想都一一实现。《恋与制作人》中有4个男主人设，分别具有不同的性格、社会地位、资产水平和超能力，但都具有不同程度的理想化特质，满足不同玩家的梦想。例如1号许墨是一名天才科学家、博士生导师，从事大脑领域的研究，对女生细心体贴，经常说一些情意绵绵的甜言蜜语。他有着很高的智商和情商，在游戏中知晓所有信息，作为完美知识精英男性形象出现。2号白起是一名特警，出生于高级军官家庭，性格腼腆善良，他把对女主的感情深埋心底，只用实际行动来保护女主，是威武内敛的典型男性形象。3号李泽言是金融集团总裁，资产庞大，性格高冷，外冷内热，强势主动又心地善良，是典型的霸道总裁类型。4号周棋洛是一名超级巨星，外表吸引力超强，性格温暖阳光，自信活跃，细心温和又不失幽默，机敏又富有观察力，除了明星他还是一名黑客，是理想的暖男。这些理想的男性形象除了资产丰富、外表帅气，甚至还拥有超能力：李泽言可以控制时间，白起可以控制风，周棋洛拥有人见人爱的魔力，许墨则是与超能力谜底密切相关，可以满足多数玩家的理想性别角色期待。最关键的是，这些理想男主或者对女主一见钟情，或者是青梅竹马，总之是所有的理想男性都对女主情深义重。弗洛伊德说："这种事情很难看作对现实的描写，但是他是白日梦的一个必要成分。"[①]在这些"白日梦"的恋情游戏中，帅气多金的男主对玩家不断说出绵绵的情话，如"不管过去还是未来，我要你的时间只为我停止"。"为了你，我要站在更高的地方。""感情会将人诱导入陷阱。现在，你还来得及逃走。"等。游戏有意弱化了女性角色的外貌细节，更注重浪漫氛围的塑造和与男主

---

① 伍蠡甫，胡经之.西方文艺理论名著选编（下）[M].北京：北京大学出版社，1987：7.

角的互动，玩家通过女主角的视角更容易产生代入感，在这种情感沉浸式体验中获得幻想的满足和对现实不满的心理补偿。

3. 女性向恋爱游戏的"白日梦"源于生活情境中游戏思维的影响

网络游戏世界运行的规则是游戏逻辑，在网络时代成长起来的年轻人将这种游戏逻辑运用到现实生活与艺术实践中，将游戏与人生融合在一起，形成水乳交融的状态。游戏逻辑成为生活逻辑，生活逻辑又影响着游戏逻辑。女性向恋爱游戏既遵循网络游戏的规则，也是现实生活中游戏思维的表现场域。

一是"玛丽苏"与"杰克苏"的人物设定。"'玛丽苏'原是《星际迷航传奇》中一个过于完美而失去真实性的女战士角色，后被网民用来讽刺网文里集天赋、容貌、机遇和异性缘于一身、带有作者自恋人格投射的女主角，相应男主角成为'杰克苏'。他们是全能人物，一出场便自带光环，他们拥有全部资本，所有情节都围绕他们展开。"[1] 最初网络游戏中创设的"玛丽苏"与"杰克苏"原型，以其对现实生活的反常规设定成为网络世界设置的欲望叙事模型，也成为系列网络文学、影视剧的人设原型。在女性向恋爱游戏中，这两种人设被运用到极致。例如，《恋与制作人》的女主与男主人设，不管是容貌、资产还是能力，堪称是完美地化身。为了满足幻想，男主还可以拥有常人不及的超能力，可以控制自然事物，可以无所不知。甚至在道德层面上，这些男主虽然身边有众多追求者，但都对女主忠贞不二，感情专一又纯洁。

二是开金手指的情节设定。"金手指"原指游戏玩家用来修改后台数据，以获得力量、武器、更高级别甚至续命的作弊程序。[2] 后来此概

---

[1] 许苗苗. 游戏逻辑：网络文学的认同规则与抵抗策略[J]. 文学评论，2018（1）.
[2] 许苗苗. 游戏逻辑：网络文学的认同规则与抵抗策略[J]. 文学评论，2018（1）.

念广泛用于网络文学与影视剧中，无所不能的主人公能随心所欲化解危机的能力被称作"开金手指"。在虚幻世界中，作者经常使用开金手指的人物与情节设定推动叙事，吸引受众。在主人公遇到难关时，经常会脑洞大开或者遇到深藏绝技的高人化解危机并完成自我成长的关键一环。这种出乎意料的金手指往往让故事获得转机并最终完成圆满的结局。如前所述，女性向恋爱游戏中的自我设定与交往对象的设定都呈现理想自我与理想的交往对象。这些人设在现实生活中极少甚至不可能存在，但是在游戏中每个玩家都可以成为白富美，而交往的男友则是具有超能力的高富帅。在玩家遇到困难时，可以得到这些高富帅男友无条件的鼎力相助，甚至在破产或生命结束后，玩家依然可以从头再来。这种游戏逻辑并不符合科学理性，也不符合生活常识，但是在女性向恋爱游戏中却能被毫无障碍地接受，并且让玩家乐在其中。

三、"白日梦"的心理机制：普罗透斯效应

美国社会学家格拉诺维特将人际关系分为强关系和弱关系两种，认为强关系是个体接触最频繁的亲人、朋友等，弱关系则是双方掌握对方并不了解的信息。在传统社会，强关系是人交往的重要关系类型，网络社交中，弱关系是维持信息流动的重要关系类型。如果按照这个思路推演，那么，在网络游戏中的交往关系可以称为"零关系"，它是一种个体与自我交流的重要方式。这种"零关系"并不直接涉及社会交往中的他者，只是个体进行自我的身份确认、心理满足的自我交流方式。那么，

第七章 女性向恋爱游戏的"白日梦"

在女性向恋爱游戏中,"零关系"在满足"白日梦"的幻想同时,会不会真的与现实生活中的交往他者呈现"零"影响呢?

我们在对玩女性向恋爱游戏的大学生进行了深度采访后发现,对游戏卷入程度比较深的玩家来讲,游戏对其现实生活的影响会更大,代入感更强。比如01号访谈对象,会把影视剧中的异性偶像与游戏中的人物类比,并作为理想中的恋爱对象,在与现实生活中的情况相比中,感觉"非常失落"。同时,其在游戏中更注重理性异性的角色幻想,而对与自己差异较大的女主人设选择忽略。

01号访谈对象(女,大二):我更喜欢玩《恋与制作人》,从去年年底它刚推出我就开始玩了,每天都玩好几个小时。在几个男主里面我喜欢李泽言,因为他的性格就跟我之前看的那些偶像剧男主一样,是我超喜欢的《恶作剧之吻》里边的直树那种,性格非常傲娇,不善于表达自己的感情但是其实很爱女主,能力很强,很有气场,一边骂女主笨一边默默帮她把事情都做好。我超迷这种男主。这个游戏不就是让人疯狂代入的吗?我目前还没有男朋友,但我非常希望能拥有一个李泽言。不过感情这种东西随缘吧,毕竟在学校见到男性就已经很困难了,我也不奢求什么了。这种游戏真的不能过度沉迷,接触游戏中的角色太久了,他们声音也好听。一个个都是总裁警官医生这种厉害的角色,跟现实生活中我接触的相比,唉,非常失落!但是它这个情节都是给了固定选项,都是为了剧情的发展,如果要问对于感情中双方的相处有没有帮助,我觉得没有。毕竟我跟女主的性格差很多，很多时候她的反应都是我不会有的，我一般都直接忽略女主说了什么。这个游戏好像是今年4月卸的，因为我玩了这么久，从来没抽到过SSR，抽卡抽的我怀疑人生，还有一个因素就是玩到后期解锁剧情越来越困难，我直接在b站把剧情给看完了，所以就没有什么好奇心了。

对于游戏卷入稍微次之的玩家（例如02号访谈对象）来说，则会认识到"游戏只是游戏，对于现实生活中的自己形象看法没有多大改变"，但是仍然会与现实生活有所关联，比如男友会与游戏中喜欢的男主有一定的相似度。尽管游戏对现实生活有一定的影响，但是会"渐渐感觉到游戏中很完美的男性与自己的距离太远"，从而对游戏本身的娱乐功能有所认识，并逐渐对游戏失去兴趣。

02号访谈对象（女，大二）：几个游戏中我最喜欢《恋与制作人》，因为它的画风更成熟些，游戏中人物设计的定位年龄更接近我的年龄。我是从2018年的3月开始玩的，每天玩的时间加起来2～4个小时。里面4个男生都喜欢，4个男生有社会精英霸道高冷型的、明星偶像开朗活泼型的、大学教授成熟温柔型的和人民警察羞涩又具男子气概型的，（相对）我更喜欢成熟温柔型的男生许墨，因为他成熟温柔懂得体贴人，玩游戏的时候会给人很温馨的感觉，让人开心。不过游戏只是游戏，对于现实生活中的自己形象看法没有多大改变。现实中有男友，与游戏中喜欢的男生有一些相似之处，相似度30%，现实中男友是温柔体贴型的，和游戏中男生的性格是有些像的，在身高外形上也有些相似，倒没有游戏中画风那么帅气完美。毕竟游戏是用来娱乐的，没有真正影响现实生活多少。从今年6月不玩了，因为渐渐感觉到游戏中很完美的男性与自己的距离太远，而且女性向恋爱游戏主要是让你有恋爱的感觉，对于大型网络游戏，游戏模式与游戏中的互动较少，玩的久了会容易失去兴趣。

相对来说，对游戏卷入程度浅的玩家（如03号和04号访问对象）虽然会喜欢游戏中的男主，但是能认识到游戏人设的消费性，把游戏人物看作一种"产品"，她在对自我的满意度方面也会更高一些，对自己的现实生活比较满意，没有过多寄托感情在游戏中，能分清现实中的爱情与恋爱游戏的边界，并自动结束游戏进程。

03号访问对象（女，研究生一年级）：《恋与制作人》只玩了两星期。玩游戏是为了放松，但是游戏并没有吸引我。我最喜欢白起。这个游戏人物的设定投射在我这里是自由，操纵风的能力，天真烂漫，镇定直行，先做后说。我比较喜欢化妆的自己，也喜欢在《奇迹暖暖》中打扮自己和收集齐所有的bonus。我现实中没有男朋友，游戏也好，偶像也好，正是因为现实难以实现，而女生又需要消费这样性格特质、形象、为人处世而产生的"产品"。我到现在都没谈过恋爱，一直单身。有追求者但相处后觉得不适合并没交往。恋爱经营和虚拟游戏无关，分清边界。后来不玩《恋与制作人》主要是因为游戏体验差，恋爱游戏日本的说法是乙女游戏，就是很多男主，后期会按剧情给特定的对象攻略线路。叠纸（游戏开发运营商）不够诚意，致力于赚快钱，一直进行四个男主角推剧情，没有支线，分裂感强烈。然后推进剧情的集卡方式也机械，浪费时间。《恋与制作人》只玩了两星期。玩游戏是为了放松，但是游戏并没有吸引我。我喜欢的《奇迹暖暖》不算恋爱游戏，自我形象管理严格意义上也不算，因为她在服装游戏过关方面的设置很莫名其妙，并没有培养玩家的审美，但服饰的华丽和对收集全品类服饰的吸引力是游戏的卖点。（我在）2016年年底12月开始玩（《奇迹暖暖》），大概持续了2个月左右，每天只是上线清空体力，推进关卡任务，兴致大会等时间恢复体力，一天1小时这样。

04号访谈人物（女，大二）：（相对来说）感觉《恋与制作人》更有趣一点，大概从2017年12月，玩到2018年4月，每天没有固定时间，想起来看一下。没有最喜欢的男生。在现实生活中没有男朋友，对自己的生活比较满意。没有过多寄托感情于游戏，感觉游戏与生活有区别，不太能做参考。2018年4月因为抽卡抽不到SSR就卸了。

在对如上访谈对象的分析中我们可以看到，女性向恋爱游戏对玩家一方面有积极的作用，它可以缓解压力，放松身心，对自我认知产生积极的作用。另一方面，恋爱类游戏会加强"白日梦"造成的幻觉体验，对精神起到麻醉作用，对现实生活产生不满情绪。女性向恋爱游戏注重代入式情感体验，甚至能影响到玩家的日常生活。也即女性向恋爱游戏中的"零关系"不但会对现实生活中的交际他者具有影响，而且更会无形中影响自我的心理认知。从心理学的作用机制看，网络游戏会对玩家产生普罗透斯效应。

普罗透斯是希腊神话中具有变换外形能力的早期海神，普罗透斯效应（Proteus effect）最初是指当赋予不同的角色特点时，个体往往会表现得与这些特点相一致。随着网络媒体的发展，研究者开始注意到普罗透斯效应在虚拟世界中的作用，Yee 和 Bailenson（2007）认为虚拟世界中的普罗透斯效应是指"在虚拟环境中用户会参考通过化身外表所预期的性情，然后表现出遵从这些预期的态度和行为"[1]。Daryl Bem（1972）提出的自我知觉理论认为个体会站在局外人视角通过对自身的观察来推断自身的态度。戈夫曼的社会表演理论则认为表演者也可能完全被自己的行动所欺骗，因此会真诚地相信他所表演的就是真正的现实。[2] 这两个理论分别从心理学和社会学层面证实了普罗透斯效应在虚拟环境中可能会发挥作用的可能性。

普罗透斯效应的一个重要概念就是"化身"（avatar）。在虚拟环境中，用户会用局外人视角观察化身所代表的虚拟自我，从而导致行为甚至外表上的改变。体现在女性向恋爱游戏中，化身就是玩家在游戏中的人设，玩家的思想感情注入化身，化身就是玩家的另一个自我。玩家通过游戏界面进入一个与现实世界完全不同的虚拟环境，她（他）可以随意改变自己的性别、年龄、外貌和身份等信息，并不必为自己的

---

[1] 卞玉龙，韩磊，周超，陈英敏，高峰强. 虚拟现实社交环境中的普罗透斯效应：情境、羞怯的影响[J]. 心理学报，2015（3）.

[2] 欧文·戈夫曼. 日常生活中的自我呈现[M]. 黄爱华，冯钢，译. 杭州：浙江人民出版社，1989：17.

行为承担相应的社会后果。在游戏中，玩家可以通过印象管理来呈现理想化自我与理想化他人的互动，从而产生真实的心理感受和身份确认，影响到玩家的自我知觉。尤其是女性向恋爱网络游戏的玩家基本都处在青少年或青年前期，正在自我同一性建立的关键时期。对他们来说，虚拟自我认同与现实自我认同互相渗透影响，对建立自我同一性同样重要。在《恋与制作人》中，"化身"首先体现为理想自我的呈现。玩家在游戏过程中，可以比现实世界更快速与容易地用低成本改变自我形象，进而改变世界，可以摆脱现实中的草根阶层，可以打破现实世界难以撼动的阶层壁垒，在虚拟世界中来去自由，顺利完成自己的"白日梦"。在《恋与制作人》中，"化身"更多体现为理想他者，这个他者是完成玩家实现理想自我"白日梦"的关键人物，他们是现实中难以遇见甚至不存在的异性对象，不但满足玩家对异性的所有要求，还具备魔幻世界中才有的超自然能力。玩家在游戏中可以沉浸其中，有意无意地回避灰色暗淡的现实生活，构建最简单也最魔幻的爱情"白日梦"。因此，不管是理想自我"化身"还是理想他者"化身"，都是完成玩家"白日梦"的重要环节，普罗透斯效应是玩家完成"白日梦"的重要心理机制。

然而，不管玩家如何在沉迷于这种理想的"白日梦"，或者"白日梦"也会通过普罗透斯效应对现实生活产生切实的影响，恋爱游戏始终存在于"魔圈"（magic circle）中，其空间和时间都与现实的结构脱离，魔圈内部的规则也不同于现实生活中的规则，"白日梦"与现实之间存在着相当大的差距，这个差距也是游戏世界魅力所在。

四、结语

　　女性向恋爱游戏具有网络游戏普遍具有的虚拟性和交互性，但更为吸引玩家的是其"白日梦"特征。在游戏过程中，玩家可以有效游走于现实世界与虚拟世界的两重空间，轻易推翻现实世界的生存逻辑，打破生存困境，获得虚拟快感，完成自己的"白日梦"。一方面玩家可以通过角色扮演方式"代入"到"化身"中重置人生，体验到别样人生，暂时性丰富个体生命体验，弥补现实缺憾，完成理想自我建构。但是，值得警惕的是，当玩家从丰富多彩的虚拟理想世界和自由操控自我命运的权力巅峰重回单调暗淡、宿命无力的现实世界时，其生活感受可能会更加无奈与痛苦，其自我角色的嬉戏快感可能很快会变为自我理想的破碎痛感。由此，女性向恋爱游戏通过"白日梦"梦游的狂欢，折射了网络时代现代人的生活想象和感情梦幻，展示了虚拟人机关系在现代人心理层面的结构性影响。

第八章 网络短视频的创作格局与产业生态分析

中国传媒大学艺术研究院 舒 敏

在互联网已进入了 Web 2.0 阶段的时代背景下，UGC（User Generated Content）用户生产内容的模式变成了可能。作为 UGC 的重要载体——短视频，其自身所具备的低门槛、低成本且即拍即传的创作特性，让它迅速成为大众的宠儿，而且真正实现了即时传播的功能，可以说这是传媒领域一场意义重大的影像革命，改变了人们的交流方式和生活状态，具有重大的社会意义和文化价值。

在巨大的投资热情和市场需求背后，网络短视频行业的短板也逐渐显现：内容同质化严重，玩模仿、秀萌宠、拼搞笑的老把戏新意匮乏；平台看重短期盈利，对行业的长期发展规划不足；监管不力、版权保护缺位，低俗内容和创意抄袭大行其道。由此可见，想要实现网络短视频行业的健康发展，短视频平台须踢开优质内容匮乏、盈利能力不足、监管环节薄弱三大"绊脚石"。

一、网络短视频的发展及现状

（一）网络短视频的兴起

1. 短视频的界定

关于短视频应如何界定，可以说是众说纷纭、各执一词，且目前相关的学术研究较少。比较主流的几种界定方式是，或根据时间界定，定义其为：播放在 5 分钟以下的网络视频均属于短视频[①]；或根据其本体界定，定义其为：主要依托于移动智能终端实现快速拍摄和美化编辑，可以在社交媒体平台上实时分享和无缝对接的一种新型视频形式，它融合了文字、语音和视频，可以更加直观、立体地满足用户的表达、沟通需求，满足人们之间展示与分享的诉求，具有传播速度快、制作门槛低、社交属性强等特性；或根据形式界定，定义其为：使用手机、平板电脑、微型摄影机等设备对人或事进行拍摄，并能在各种新媒体平台上播放，适合在移动状态、休闲状态下观看的，高频推送的视频内容，其时间从几秒到几分钟不等[②]；有学者认为，短视频并不是长视频的简化版本，而是升级图文内容的迭代方式，是更具可视性的碎片化内容。[③]

针对本论文研究内容，本论文定义其为：由个人或团体采用先进技术手段，利用移动智能媒介对人或事进行快速拍摄和美化编辑，综合运

[①] 艾瑞咨询.2017 年中国短视频行业研究报告 [R/OL].（2018-01-02）[2018-09-25]. http://www.askci.com/news/chanye/20180102/112421115172.shtml.
[②] 孙文华.移动互联网时代自媒体平台短视频问题及对策探究 [J].视听，2018（2）.
[③] 徐芳华.短视频自媒体的传播学分析 [J].科技传播，2018（2）.

用文字、音视频、特效等功能，并在新媒体平台上实时分享传播，适合在移动、休闲状态下观看的几秒到几分钟不等的高频推送的碎片化视频。

2. 短视频的萌芽与兴起

自 2005 年起，短视频进入了萌芽期，优酷、土豆、酷 6 等综合视频网站开启 UGC 模式，促进了短视频的生产，在接下来的 5 年内，短视频以易获取、易扩散的特点逐渐发展，凭借传播价值和传播优势被人们接受。

2011 年起，移动互联网技术飞速发展，快手、秒拍等相继成立，移动端短视频应用大量涌现，短视频活跃用户显著增加，逐渐吸引资本投入。

2015—2016 年，短视频根据其优势找到了适合自己的发展道路。2016 年 3 月，现象级网红 papi 酱开启短视频"新纪元"，一系列短视频相继爆红，网红效应吸引大量资本流入短视频行业，各大视频平台、自媒体平台加大了对短视频的投资力度，更加推动了短视频的发展，小咖秀、小影、美拍、小红唇等多个软件也在短视频市场中十分活跃。9 月，今日头条宣布入局短视频分发，并投资 10 亿元补贴短视频内容创作者，西瓜视频、抖音迅速崛起，以"西瓜视频＋抖音＋火山小视频"的态势进入市场，短视频领域竞争日渐趋于白热化。随着一条、二更、papi 酱等内容创业者的成功融资，短视频迅速成了投资的风口，一时间短视频成为新爆红点，行业内融资呈现井喷态势。

（二）短视频兴起的原因

1. 政策红利

2015 年年初，国家提出移动流量的提速降费政策，工信部方面在政府工作报告中表示："将进一步采取措施，取消漫游费、降低移动流量每月资费水平，到年底比去年下降30%，还有家庭宽带、企业专项资费的下降，将惠及所有企业和用户。"①单单就移动流量资费一项，在政府工作报告中提出要求将其在年内下调30%，三大运营商已基本都落实了方案，并且加大力度建设移动互联网，这都刺激了移动互联网流量规模的上升，间接刺激了短视频的火速发展。

随着短视频行业形成规模，近两年政府监管力度也逐步加大，监管方式主要体现在《信息网络传播视听节目许可证》的限制上，通过"牌照"对短视频平台及其内容进行约束。当前短视频行业生产内容很大程度来源于UGC，其个体化、碎片化的特性决定其难以从内容生产环节切入监管审查机制，因此政府监管主要从平台方入手，对内容和平台进行监管和规范。约束内容乱监管力度加大，规范行业生态，促进良性发展现象，规范平台运营，为行业的健康生态和可持续发展提供保障。

2. 技术进步

随着移动互联网时代的到来，一方面，智能终端得以快速发展和普及，4G用户数量不断增长，我国使用手机设备上网的网民已经达到96.3%，远远超过其他类型的上网设备；另一方面，4G网络的普及使互联网流量火速增长，这为短视频的飞速发展提供了良好的基础。消费者获取信息的渠道越加丰富且更加方便，用户体验也逐渐提升，这为UGC的发展也提供了良好的基础；此外，中国移动互联

---

① P2P观察. 国家正式公布！流量费大降，移动哭惨！[EB/OL].（2018-05-19）[2018-09-25]. https：//item.btime.com/m_93b8fbebc4bdbea8f.

网络环境不断优化，为消费者的移动端上网体验提供了技术的支持和保障。

3. 消费习惯转变

随着人们生活方式的转变，人们的消费方式也同样发生了转变，人们更加注重对于时间的碎片化利用，一方面，在休闲、娱乐方面提出了更高的要求。另一方面，对基于互联网的内容消费和网络社交需求不断增大。

短视频首先得益于移动互联网用户的普及和流量的增长，使碎片化时代的触网体验得以保障，用户可以打破时间和空间限制来观看。其次，短视频也凭借其自身的三大优势，即承载信息量大、个性化表达、互动性强的特点，更大程度上满足用户进行自我表达和社交的需求。因此成了移动互联网时代下便捷的内容形式，赢得了大众的关注与喜爱。

4. 资本投入

短视频行业凭借较高的投资回报率、有想象力的商业模式，受到资本与互联网巨头的青睐。自现象级网红 papi 酱开启短视频"新纪元"以来，一系列短视频及其背后的个人或团队相继爆红，各大视频平台、自媒体平台加大了对短视频的投资力度。相比传统媒体，短视频的内容成本、带宽成本和获客成本均较低，同时在用户流量获取、用户黏性和商业变现上均有较好的表现。因此大量的资本涌入短视频平台方和内容方，促进短视频平台的数量增长和市场探索，为短视频内容生产者提供资金的保障，鼓励更多优质内容的产出，推动了该行业的发展。

二、短视频的内容分类及其特点

（一）短视频的分类

1. 以视频平台为媒介的短视频

优酷、土豆、酷 6 等综合视频网站最初拥有 UGC 的基础，用户用自己的账号发布短视频，"游客"以搜索关键字的方式搜索到短视频，可以选择观看短视频内容，也可以点击个人主页浏览该用户所发布的所有视频，视频类别多种多样，包括短型纪录片、短型剧情片，也包括创意剪辑等。起初视频平台仅限于电脑端，随着移动端技术的发展，移动端的即时观看功能得到完善。

2. 以社交平台为媒介的短视频

自 2015 年起，以社交平台为媒介的短视频平台，诸如快手、抖音、火山小视频等 APP 涌现，以 UGC 为主，逐渐出现 PGC 占领 APP，短视频大多可分为日常生活技巧、搞笑娱乐、社会突发事件、广告创意等类型。正如安迪沃霍尔所说，"每个人都能成为 15 分钟的名人"，此类短视频 APP 的出现，带动了人们参与短视频制作的热情。这类强调社交属性的短视频平台竞争也日渐白热化，迅速成为投资的风口。

（二）短视频的特点

1. 方便快捷，碎片化观看

短视频很短小，容易获取，容易扩散，而短视频短小的特性迎合了现下人们利用碎片化时间阅读、看视频的消费习惯，满足了人们碎片化汲取信息的需求，能够给人们带来方便快捷的用户体验，相对于长视频需要人们大段时间集中注意力而言，短视频的方便快捷为其吸引更多眼球。例如，抖音 APP，15 秒一个的小视频在时长上简短，正是利用了受众的碎片化时间进行传播，并且其保存、压缩的用时很短，用户可以将短视频保存下来再发给朋友，或是直接将链接发给其他人，也是十分方便快捷。

2. 制作门槛低，互动性强

"90 后"和"00"后是年轻的一代人，他们有自己的想法与创意急需一个表达的平台，而短视频 APP 平台则为其提供了自我表达的平台。用户可以自主创作，制作属于自己的短视频，或与他人合作，共同完成创作。制作流程简单方便，用户只需要在平台注册账号，拿起手机拍摄，即可完成，制作门槛低，有些 APP 甚至还有特效等功能加以佐助，为用户呈现更好的听视觉效果，用户的创作体验较好，参与性极强。

由于以上特点，短视频的特性上又有以下特点。

（1）草根化。只要拥有手机，任何人都能录制视频表达自我的想法和创意。这样低门槛的录制要求让普通人也能够大大方方表达自我（而非专业影视拍摄的高门槛）。事实上，这也是包括抖音在内的一众网络短视频平台未来着力的一大方向。

（2）情感化。短视频更多的是在相对较短的时长内，最大可能地引起观者的共鸣。这就决定了它本身的叙事性相对弱，而重在情感上的刺激。

（3）多元化。人人都有不同的想法，任何一个想法和创意在别人看来都有可能是一个有趣的、好玩的、创新的新鲜事物,花样层出不穷,为受众带来不一样的新鲜感,提升用户体验,也为短视频 APP 平台带来新鲜活力。

3.天然社交属性,易于二次传播

相对于长视频而言,短视频在互动性和社交属性上更有优势,由于其短小方便,短视频在传播上也更加有优势,易于在社交平台分享、传播,"一键分享"是短视频 APP 平台的亮点功能之一,手指一点就完成给 QQ、微信、微博等社交平台的分享,为用户带来方便的同时,也为短视频的浏览量做出贡献,同时也提升了短视频 APP 平台的知名度。

三、短视频的受众分析

考虑到优酷等视频网站并不以短视频为主,这是它们与短视频 APP 的本质区别。因此在受众分析的部分,主要以短视频 APP 为主。显然,不同的短视频 APP 针对的是不同地域、不同性别、不同年龄段、不同工作环境的受众,例如快手的用户主要分布在三、四线城市,一线城市用户仅占比 10%。整体年龄构成以男性用户为主,占比高达 81%,其中青年用户为 54%。[①]而抖音的用户定位是中国受欢迎的原创音乐短视频分享平台,吸引了音乐视频这一垂直领域的广大用户。抖音和快手的用户受众恰恰互补,用户主要居于一、二线城市,男女比例大约在 4∶6,是年轻人的聚集地,追求新潮好玩的生活态度,并且对音乐、舞蹈有极

---

① 符慧.从快手看短视频传播的黄金时代[J].西部广播电视,2017(2).

高的热情和创造力。①

1.APP 本体上的对比

单从 APP 的图标上来看，抖音的图标更时尚化一点，采用了深色系的背景，搭配白色、绿色和粉色共同构成了一个音符的意象，而绿色和粉色是一种时髦的搭配效果，而"d"也是"抖"字的首字母，可见抖音的配色更时尚化、年轻化一些。

快手采用了明快的橙色作为背景，用大多数人能够接受的橙色和白色互相搭配，构成了相机的意象，意味着快手更偏向着拍摄和录制，正如快手的口号"记录生活，记录你"。

火山小视频则是火焰的颜色、火焰的形态，三角形的播放键也更加表明了"视频"的属性，主打原创生活段视频社区，而火山小视频与快手不同的是其背后的变现机制，用户可依据每个小视频下的火力数值提现，这吸引了大批的坐拥百万粉丝却苦于无法变现的快手网红（见图 8-1）。

图 8-1 抖音、快手及火山小视频图标

2.节目赞助上的对比

据统计，快手投放赞助的节目包括《吐槽大会》《奔跑吧兄弟》《中

---

① 视频 APP 抖音——产品体验报告 [R/OL]．（2017-07-23）[2018-09-25]．https：//www.jianshu.com/p/9f0794d62ad8．

国新歌声第二季》《明日之子》《脱口秀大会》等；抖音投放赞助的节目包括《中国有嘻哈》《明星大侦探》《我们来了》《中餐厅》《快乐大本营》《大学生来了》《高能少年团》《我想和你唱》《天天向上》《湖南卫视中秋晚会》《明日之子》《开心俱乐部》等。那么，从这样的对比中，我们不难发现两大短视频 APP 在目标受众上各有侧重。抖音的受众群体更加年轻化，主要以"90后""00后"为主，同时具有时尚化的特点；快手则更加注重"全年龄段"的用户市场，相比来说受众面更广，同时带有鲜明的平民化特征。

四、短视频的产业链及盈利模式分析

（一）短视频的产业分析

从产业链发展的角度来看，短视频产业主要包括广告主或代理商、内容制作者、内容分发者、内容接收者。

1. 广告主与代理商

广告主与代理商通过短视频平台来获得用户，主要合作模式是广告投放。这样的模式其实与传统媒体和企业的合作类似。广告植入在内容板块，可以在视频播放前播放广告、视频播放中间插播广告、视频播放完成后播放广告等方式。

2. 内容制作者

内容是短视频行业赖以生存与发展的核心要素。在短视频行业里，内容可分为很多类型，例如日常生活、搞笑娱乐、社会热点、创意营销等类型。而在短视频刚兴起时，大多是以 UGC 模式为基础的，随着行业的深入发展，短视频制作的专业要求也在不断提高。当前 PGC 模式已成为主流。伴随着各大平台吸引专业人士入驻，未来 OGC 模式的比重也会不断提升。换言之，短视频的制作门槛在提高。

3. 内容分发者

内容分发者主要是短视频的平台端，可以是视频平台，也可以是信息媒体平台和社交平台这种泛内容平台，利用其不同的平台优势进行内容的分发。在视频平台进行对用户兴趣的分析，在其爱好和兴趣的基础上根据算法演示进行推送，在媒体平台的短视频部分进行推送和分发是一种常用的分发方式，而社交平台的分发则涵盖了社交、传播等多个领域的内容，将视频的传播范围扩大，通过好友分享以辐射状态推送给更多的人。而越来越多的媒体优秀人才不断涌入短视频行业中，短视频在内容和数量上都火速发展，而平台也嗅到了短视频的商业气息，将越来越多的精力投入短视频方向，平台不断地细化、垂直化，根据不同的方向进行自我定位，针对不同年龄段、不同工作背景的人群进行细分，在运营模式、表现形式上出现越来越多种形态。

4. 内容接收者

接收端主要是处于产业链最下游的用户，用户享受内容，而其付出的一般是对内容进行付费，或是打赏等金钱上的投入；在面对观看时候出现的广告时，用户有可能被广告内容吸引，对广告商进行金钱投入用以购买商品和服务。

（二）短视频的盈利模式分析

短视频的盈利模式，也就是如何变现的具体方式。对于短视频而言，任何具有商业价值和市场潜质的东西都可以参与盈利。目前受到较多关注的变现形式包括广告变现、流量变现、付费变现三种方式。

1. 广告变现

广告其存在意义就是为广告商盈利，同时也是最传统的变现方式，能不能吸引观众并激发其购买欲是广告做得成功与否的判定。准确表达广告信息，能够树立品牌形象，起到积极引导消费的作用，满足消费者的需求。目前短视频的广告价值在于高曝光和垂直人群的精准投放，内容即广告本身也是对品牌的一种强植入形式对流量转换率有一定的帮助，且能看到一定的反馈。[①]广告的形式具体可分为植入广告、贴片广告、衍生广告等。

（1）植入广告。植入广告通过冠名、口播、角标等形式进行硬广植入，这种硬广告的优势是针对性较强，对广告商品或服务的指向性明确，传播速度快，经常性、反复性地播放有利于加深观众对广告及广告商的印象，但是它的广告投入成本较高，强迫受众被动接受，易引起观众的反感。随着短视频广告商对受众调查越发深入，逐渐兴起一种迎合受众消费习惯的软广植入方式，似广告而非广告，反而引发受众的好奇和兴趣，甚至部分受众以发现软广为乐，例如在短视频情境中摆放广告商品、演员似是而非地提及广告商品等，达到一种"春风化雨、润物无声"的潜移默化的效果，其价格更低，渗透力强，更

---

① 夏翰杰，孙爱军．自媒体中短视频广告研究[J]．新媒体研究，2018（5）．

容易引导消费，但是其周期性更长，强化受众印象的效果较差，传播速度较慢。硬广和软广都是植入广告的方式，各有利弊，合理使用可达奇效。

（2）贴片广告。贴片广告通常在视频播放时采用前置贴片的方式进行贴片，在视频播放前以不可跳过的独立广告形式出现，或是后置贴片，即在短视频播放结束后进行贴片，追加一段时长的广告，而受众可以选择关闭页面或换其他短视频界面。此类广告的投放价格较低，由于前置贴片广告不可跳过，所以广告的投放率较高，与受众的接触概率大大提升，是广告投放的常用方式，可实现大批量处理，但是其弊端在于会引起观众的不耐烦和反感，过多的贴片广告会影响观众的用户体验，由于短视频的时长本身就较短，在对短视频进行贴片时要考虑观众的接受度。而有些平台推出了会员可消除广告的模式，这大大提升了用户开通会员的概率。

（3）衍生广告。衍生广告包括信息流广告，即在视频推荐列表出现的广告，符合移动端视频的收看习惯，其触达率也较高，提升了用户的广告接收度，降低了用户对广告植入的反感度，但是不宜过于密集，否则也会引起观众的厌倦；还包括另外一种广告模式——情景化广告——即在剧情内容之余插入与剧情人物、场景相一致的广告，其广告主题与剧情相关，此类广告有利于增加广告的趣味性，增加观众对广告的收看兴趣，提升观众的收看体验，提升观众的购买率，但是这类广告对于节目和内容匹配度的要求较高，对广告制作的水平要求也较高。

2. 流量变现

在广告变现的营销思路为主的情况下，流量变现逐渐走上正轨，成为另一种变现模式，流量变现又可分为电商导流和平台分流。电商导流倚靠了短视频生动丰富的信息展示、附着的优质流量和商品跳转的便捷性等特点，以 UGC、PGC、OGC 的优势和特色来吸引流量，为电商导流，UGC 倚靠的是短视频内容和 USER 的个人影响力，而 PGC 和 OGC 倚靠的是内容流量；而平台分流是通过短视频创作的内容火提高更新频率吸引流量，平台根据流量等因素对其分成，实现流量变现，而其中平台的影响力也会有一定的影响。为争取优质内容，各平台出台不同的补贴政策对短视频内容者进行吸引和支持。

3. 付费变现

短视频在付费变现上主要有三种变现方式，包括会员付费、内容付费和打赏付费。会员付费是比较常见也比较符合用户消费习惯的方式，通常在购买会员服务后解锁一系列视频，会员用户对这些视频拥有观看权利，且这些视频的内容较优质。而用户针对单个内容进行付费观看的方式叫作内容付费，可分为两种情况，其一是某一内容对会员免费而非会员用户选择看某一内容却不想开通会员时；其二是针对所有用户包括会员用户都收取费用时。打赏付费在直播中较常见，在短视频分类中较少，该类付费方式在其他一些社交 APP 上也逐渐被采用，即用户对感兴趣的内容进行金钱上的支持。

随着短视频逐渐火热流行，其产业研究也慢慢走进研究者的视野，针对其盈利模式而言，由于短视频自身的特点和优势，短视频的每分每秒都有变现的价值，关键在于如何把握和利用短视频，并且有能"发现金钱和价值"的能力。

五、短视频的传播机制

短视频的传播刺激了创作者的创作热情，同时也是维系短视频生命力的极重要的因素之一，而传播也是短视频作品完成创作的环节之一，未经传播的短视频作品没有真正走进人们的视野里，在理论意义上也不属于真正的创作完成，而传播效果也会反过来影响短视频内容的知名度和创作发展方向。因此，将短视频的传播工作做到极致是十分重要的，其传播可分为三类：产品本身传播、外界力量传播和市场机制传播。

1. 内容自身的传播

任何产品传播的基础都是其产品自身，只有产品本身值得受众投入注意力、时间和金钱，产品才能够广泛传播、长久传播。短视频产品本身的内容质量要过关，甚至是过硬，能够在短视频行业中成为佼佼者，成为头部优质流量，如此的优质内容较容易被平台推到首页，获得更多的关注量和点击量，从而提升自身价值，赚取更多流量，也有了更多的机会获得打赏、付费，有更大的可能性被转载、传播。而个性化的视频能够赚取更多眼球，吸引更多注意力，其创新会刺激受众产生新鲜感。同样，平台也要采取创新的策略，个性化的平台服务也会吸引大批用户，提升平台知名度的同时，会为短视频招徕更多流量。

此外，短视频内容创新者要尽可能去挖掘忠实粉丝和忠实用户，增大用户的黏性，针对平台的面向群体，策划相关方案抓住忠实用户。而平台也会不停地招揽那些坐拥百万粉丝的大V，平台之间对于人才的争抢也是一场没有硝烟的战争，因此平台在自身构建和创新上也要投入大量的财力、物力，努力提升平台综合水平也是提升传播效果的方向之一。

2. 广告营销的传播

首先，如同传统影视剧必然会进行宣传推广一样，短视频的传播也可以借助营销的力量，巧妙地抓住各种机遇。平台签约坐拥百万、千万粉丝的大V，在借用大V的名气和人气做宣传的同时，也借用了其名人效应进行传播，借用其粉丝影响力扩大传播范围，引人注意，强化事物，扩大影响，能够刺激人们对短视频、对名人、对平台的关注，带动人群导向。

其次，可利用广告形式进行宣传，扩大传播影响力。广告其存在意义就是为广告商盈利，同时也是扩大传播的好方式，能够吸引观众，提升其关注度。在广告设计上准确表达广告信息，能够帮助传播效果，形成品牌形象，为大V和平台都起到积极引导消费的作用。

再次，平台之间友好合作，形成"1+1>2"的互利双赢局面，平台形成互动，共同举行大型"联谊"活动也能够形成传播的效应，提升平台价值，形成良好导向，增强用户的参与感，提升用户体验，双方用户量及粉丝量叠加，互惠互利，共同提升平台知名度。根据市场机制设定传播方案，公关团队合理把握宣传时机，对平台、大V、短视频进行快速有效的传播。

六、短视频的竞争力

1. 星素结合

在名人效应占有娱乐圈优质流量的情况下，素人短视频的火爆流行让受众感受到在公众平台展示普通人生活的意义和价值，而快手这类APP的设计理念则是记录和分享普通人的生活，以普通人为焦点，展示他们的生活。快手以自然发展的趋势获得了爆发式的用户增长，带来了巨大的收益，它不做资源倾斜，不倚靠大V做卖点，依靠算法实现短视频分享，它的使用门槛也很低，使用简单方便，并且有个性化推荐的优势，素人则是其最大的亮点，素人成为短视频的主焦点，让短视频更加贴近生活，贴近普通人的内心，更容易获得普通人的关注。

2.创意策划

在短视频的内容方面，创意策划是十分重要的，如何在无数的短视频中脱颖而出，又摆脱过度娱乐化和同质化，是一个值得思考的问题。在设计和策划短视频时，保留幽默搞笑的特点，又在其中加入社会关注热点、公众关注焦点，或是提升短视频的意义和内涵，使其具有一定深度与厚度，是提升短视频竞争力的要义之一。

3.算法优化

短视频的推荐算法将短视频的内容分发、推荐给不同的用户，算法根据用户的浏览记录、观看喜好进行分类，一方面识别上传的视频内容；另一方面根据用户的消费习惯进行计算，以"您可能感兴趣的视频"的形式推送给可能对短视频感兴趣的人，APP会逐渐形成针对不同用户而制定的不同推送，这是保持竞争力的另一种方式。

七、短视频行业的发展困境与破局之道

短视频发展至今,以其特点和优势在市场上占据了一方天地,但是由于 UGC 的特性,短视频的创作内容有很大的不可控性,优质的创作者较少,专业性有待考量,对受众的价值导向和影响力也难以估量,短视频的内容水平也参差不齐,引发了一系列的问题。

(一)短视频行业的发展困境

1. 低门槛进入,作品价值低

在智能手机普及的时代,打开摄像头便开始记录生活,人人都可以打开软件录制自己的作品,UGC 的特性使作品价值低下,每个人的审美情趣与综合素质的差异也影响了作品价值的高低,未经深思熟虑和缜密设计录制的短视频就缺少了一些内容上的价值,而有些内容价值低的短视频反而受到人们的关注,某些人甚至以低俗、色情、暴力的内容作为卖点吸引注意力,抓住观众的猎奇心理吸引流量。

2. 同质化严重,用户体验差

从某些角度而言,对于短视频平台来说,吸引流量是其生存之本。当某一类型的短视频吸引了大量流量时,就会引发盲从潮流,类似的短视频越来越多,引发同质化现象。例如抖音 APP 所推荐的短视频在视频内容、配乐、舞蹈动作上的同质化很严重,当配乐歌曲在抖音上走红或某一舞蹈动作在抖音上走红后,大量用户对其进行模仿,抖音 APP 通过算法对用户进行大量重复推送,在某种程度上影响了用户体验。

3. 真实性缺失，过度娱乐化

一些使用者为了博取点击量、流量和关注度，采取制作假视频的方式来增加自身的"传奇性"，造成视频真实性的缺失，或是断章取义，对某些事情的本义进行曲解，引起受众的好奇心理，从而吸引受众的注意力。在娱乐圈如此发达的今天，过度娱乐化已经是一个很常见的词汇了，而在短视频行业内，过度娱乐化也是存在的，不少短视频降低了内涵和制作意义，单纯为了娱乐而存在，造成短视频行业内的一大问题。

4. 监管不力，价值观错位

快手、火山小视频、西瓜视频、抖音……短视频几乎进军了互联网内容领域的方方面面。各种激烈的对撞，虽然能在短时间取得一些成果，但作为持久战，会很容易导致入不敷出的状态，同时在不断寻找符合监管的边界，这也是最大的风险。在虚假广告的投放上，为了避开一线城市的严监管，很多短视频平台把违法广告投放瞄准了二、三线城市。只要广告主在平台上投放的广告费多，即便产品没有合法资质，平台也可以帮助投放，甚至公司可以帮助制作假资质。广告代理公司的存在主要是为了方便平台"金蝉脱壳"：违法环节全部交给代理公司办理，万一被查，可以把一切的过错都推到代理公司身上，平台不会承担主要责任。这样无形中就给违法牟利者提供了一个隐形保护区，也为低俗内容创作者提供了路径。

因此，短视频平台必须进行自我反省，加大企业内部监察力度，并成立社会监督委员会及时过滤低俗内容，维护风清气正的网络空间。

5. 技术高度发展，个人能动性丧失

大数据兴起，算法越来越高级，技术越来越完善，我们迎来了信息

定制化、传播智能化的时代。毫无疑问，信息的私人定制能满足人们多元化、个性化的需求。智能化的信息传播机制可以快速完成用户与信息的精确匹配，大大降低获取信息成本，为生活带来便利。但换个角度看，算法主导下的内容分发模式，也会带来"自我封闭"的危险。技术的高速更迭给新闻传播领域提供了新的生机，大数据时代各大媒体（尤其是互联网媒体）将迎来新一轮的竞争。例如，抖音通过母公司"今日头条"的精准分析和个性化推送，为受众提供了更为量身定制的推介服务，在这种特制化的服务下，虽然满足了受众的阅读需求，但却同时为他们建造了一座"信息茧房"。受众在信息茧房内，不断地接受自己标注的标签下的视频，却也因此根据自己的喜好对接触到的信息进行不断的固化。接触的信息结构会越来越不完整，信息面会越来越窄，经过长时间的累积，注册用户会不自觉将自己禁锢在自己的"信息茧房"中，让人沉浸在其中，消耗大量时间，甚至会出现认同困难。机器的推送消息会限制个人的视野，会加剧网络群体的极化，也会造成社会黏性的丧失，长期快速消费娱乐信息也会让人思考力下降，因此不得不小心以待。

"信息茧房"是技术高度发展从而使个人渐渐丧失信息需求的掌控权。在此过程中，人们获得了便利与效率，但是将人们的视域固化在相对狭小的空间，极易失去对公共视域的关注与探讨。随着现代技术的发展，每个人容易丧失批判性的一面，只保留顺从的一面，这才会有对"信息茧房"的担心与忧虑。

180

（二）短视频的破局之道

1. 突破技术制约，提升媒介素养

如前文所说，所谓"信息茧房"，涉及个人如何看待技术与人之间的关系问题，具体来说，是如何看待媒介制造"信息茧房"这一机制的问题。如果明确技术或者说媒介是为人类生产生活服务的工具，而不能使人类成为信息和媒介的奴隶这一价值定位。那么，面对个性化推送的信息服务，个人需要掌握实用信息的主动权，因为媒介可以进行个人议程设置，但是具有自主性、批判性、创造性的用户群体能够冷静面对个性化推送环境所带来的问题，不会受到媒介对个人狭隘兴趣的推送裹挟，使自己走向技术的反面。而个人如果沉迷于媒介构建的虚拟现实中无法自拔，成为技术、媒介、所谓个人兴趣的奴隶，一定会变得越来越被动以致失去自我，这无论是在传统媒介还是现在新兴媒介化进程中，都会被社会淘汰。

所以，突破"信息茧房"，最重要的一点是，我们社会中的每个个人要提高"自知"的能力，避免自己不成为技术的奴隶，如果我们从"信息茧房"的正效应看，这是媒介为个人提供了对某一兴趣爱好领域的深度理解的机会，如果能在此基础上，从被信息裹挟的碎片化信息中找到横向和纵向的知识性关联与专业化拓展，何尝不能使个人转化成一个特定领域的专业人才呢？这时候，"信息茧房"不是需要去突破，而是如何去转化再造"知识网络"。换言之，对于"信息茧房"，我们容易担忧对人们需求信息的不完备性，但是忽视了如何解决人们过于懒惰不愿意去获取深度、多面、有价值的信息的问题。很多学者已经探讨的有效

建议：提高新技术用户的媒介素养，强化其自身的批判能力与自控力，加大深度介入媒介提供信息的使用过程，不被技术和媒介所操控，消极的、被动接受低价值信息是当务之急。当然，也会有一种声音会说，我们不是学者，不想深度思考，那么如何积极地娱乐？这也是用户自主权的问题，你可以选择深度知识探索，还是无休止浏览各种同质化严重的信息，你是什么样的态度对待技术平台或媒介，你就会成为什么样的人，因为只有甘愿的被绑架，没有强迫的被控制。总而言之，与其批判媒介技术和资本对我们人性弱点的利用，不如自我正视自身的弱点，通过破解"信息茧房"的作用机制来转化其对自身所带来的消极影响。

对于技术平台或者是新型媒介，作为内容分发者角色，始终要处理面对互联网时代生产过剩与注意力稀缺的根本性矛盾，精准推送是最低成本获得最大获利的有效手段，这是市场经济的本质体现，也是大数据时代技术和资本的联合利用了人性弱点的漏洞，如果在法律法规的限度内，"信息茧房"这种现象无疑是他们获得收入的很大的保证，但是，作为一个有良心的信息媒介平台，有责任为"信息茧房"的正效应发挥尽一份社会责任，如果从改变精准推送的信息传播方式，适当加入人工的公共议程设置，收效还有待观察，但可以肯定地说，不能从根本改善"信息茧房"这种现象。因为造成"信息茧房"的根本原因还是在于用户的认知结构，正如拉姆塞所说，"这世界上肯定存在让人上瘾的代码"，那么有责任的信息输送平台如果要避免道德的审判，就要对用户、对社会生产上瘾的好产品，调节人们的欲望的满足感，要善于运用奖赏机制，不仅要跑赢人们的理性意志替他们做选择，收割他们的闲暇时间，更要做安全阀，控制人性之惰性并彻底贯彻到算法的结构和交互设计中。因为我们共同面对的是技术带来的行为上瘾，这才是最大的挑战。一个有责任的内容分发者，需要主动关心每个人的真实生活，不是为了"生产诱惑"为目的——不断地利用算法增加点击率延长用户的使用时间并"见缝插针"的卖广告，要做具有人性的技术实践者，从思考"用户的真实需求到底是什么"转换成"如何把用户留住，共同创造美好的生活"，从推送"最受欢迎的"转换为"最优质"的。

从社会层面来看，技术的进步的脚步是无法阻挡的，任何资本利用技术所带来的负面成果，都需要每代人冷静思考与面对，个人需要专业的领域也需要多面的视野，社会也一样，当面对"信息茧房"问题，社会需要思考的不仅是让内容分发平台取得经济效益时同时履行社会责任，但是单单寄希望于其自律是不够的，强化媒介素养教育是关键，增强用户媒介使用进行信息过滤的能力，对新兴媒介及技术平台的运作机制和认知能力，对技术的发展不再恐慌，认识到技术是手段而不是目的，才不会把"信息茧房"现象当成社会的负担而是机遇。

以今日头条为例，其在企业形象的重塑上不妨结合公益传播的角度，为企业的社会责任履行上做一些实事。"公益传播是指具有公益成分、以谋求社会公众利益为出发点，关注、理解、支持、参与和推动公益行动、公益事业，推动文化事业发展和社会进步的非营利性传播活动。"近几年来，腾讯公益针对自闭症儿童推出的"一元购画公益"、由爱佑未来慈善基金会和分贝筹针对山区贫困儿童推出的"向与自己同一天生日的山区小朋友捐款1元"等公益传播活动都赢得了超高的社会反响，这一点值得关注。正如施拉姆所说："媒体一经出现，就参与了一切意义重大的社会变革。"创造性地发展公益传播事业，对于一个有社会责任感的企业是必不可少的。积极参与传播活动不仅促进企业积极形象的树立，还有利于社会的稳定团结和社会主义和谐社会的形成与发展。

2. 引入专业媒体，正确引导舆论

新闻评论是一种政治性的新闻体裁，它是针对新近发生的、具有普遍意义的新闻事件和迫切需要解决的问题，发议论、讲道理，直接发表意见的文章，是媒体编辑或作者运用分析和综合的方法，就事论理，就实论虚，有着鲜明针对性和指导性的一种新闻文体，是现代新闻传播工具。新闻评论作为最直接的宣传手段被誉为影响、引导舆论的"旗帜"和"灵魂"，越来越受到媒体的重视和公众的关注。诞生于传统媒体的新闻评论，伴随着广播电视以及互联网的出现，不仅衍生了诸多形式，而且凭借其理性和深度，越来越显示出其重要作用。今日头条如果想使自己的企业形象得到合理的重新树立，必定要重视起新闻评论的重要意义。

因此，建议短视频平台可以组建百人的新闻评论员团队，在评论区引领舆论，增强吸引力、感召力和说服力。同时文风强调棱角分明，有生气，突出贴近实际、贴近生活、贴近群众的原则，讲百姓关心之事，说群众欲说之话，以谈心方式进行评论，以平等态度对待观众。在评论员的筛选上要注意尽可能多地接纳各方面人士，使新闻评论性更好地体现专业高度和群众视角，并予以评论员一定的稿酬和任务量分担，形成一种评论员签约的机制。评论员可以在评论区进行新闻评论，并在评论区置顶。当然这种新闻评论要摒弃假大空、要短小精悍，体现评论的价值与意义，指导受众的意见走向、行为走向，形成社会性的舆论压力，发挥引导和监督。

八、结语

当前短视频平台仍处于快速增长期，不断有新的平台涌入市场，并且同质化较低，大部分平台在定位、内容和目标用户上仍然具备差异化竞争。但未来两年用户红利期逐渐消失，市场渗透率接近天花板，短视频平台百花齐放的市场格局将迎来行业洗牌期，平台方为了应对行业变局，将会呈现出三种大趋势。①整合和淘汰，用户流量逐渐涌向少量的头部平台和垂直细分领域的腰部平台，大量中长尾平台将面临被整合甚至淘汰；②拓展海外市场，在国内市场饱和后，平台方将开始大量征战海外蓝海市场；③业务下沉，在精力闲置和体量增大的情况下，在激烈竞争中脱颖而出的平台方将逐渐涉足 MCN 业务，与内容方建立直接联系，争夺优质内容资源，深入扎根内容供给源，巩固竞争壁垒。

随着未来短视频行业的产业链条逐步成熟，更多 MCN 机构加入产业中，帮助广大内容创作者进行内容分发。随着短视频的普及和用户对于短视频消费习惯的养成，未来将有更多的短视频终端，进而短视频内容的渠道和分发机制也更加精细化。海量的内容创作方和越来越多的平台与终端之间的渠道需求增大，也决定了未来 MCN 机构在数量和质量上的不断发展与成熟，MCN 将成为短视频内容分发的一个重要枢纽。

随着人工智能等技术的不断发展，其未来在短视频中的应用也会不断深化，渗透到短视频产业链条的各个环节，未来可能在内容生产上实现智能工业化的规模内容生产，在用户体验上增加更多AR、VR特效，在商业变现上实现程序化购买等功能。就现阶段而言，内容推荐智能化将是短视频行业迎来的第一个技术规模化应用趋势。智能化技术可以帮助内容更加精准地呈现在用户面前，实现去中心化的内容推荐方式。更加成熟地推荐算法、更加全面的用户数据是未来平台方会积极发力的地方。同时，面对短视频存在的各种问题，短视频平台应该出台相应的办法和政策，在鼓励创新的同时，对短视频整体水平进行把控，引导用户合理参与短视频创作，可以实施多层监管、奖惩制度等方式治理平台出现的各种问题，共同创造短视频的美好未来。

第九章 "互联网+"背景下纪录片产业的盈利模式探究

中国传媒大学 孔瑞洁

2010年，国家新闻出版广电总局出台了《关于加快纪录片产业发展的若干意见》，将纪录片产业化发展提上国家议程，直接推动了纪录片产业化运作的跨越式发展。近几年，随着《我在故宫修文物》《第三季》《本草纲目》《航拍中国》等优秀纪录片地不断涌现，政府对于纪录片创作、优秀纪录片的制作机构、创作人员的扶持也不断加大，为纪录片产业的市场化探索提供了良好的政策环境。

不同于电视、电影行业，纪录片的市场化程度相对较低，资金投入和人才缺乏一直是限制纪录片产业化发展的主要原因，但随着国家红利政策的推动和"互联网+"的深入发展，纪录片的产业形态正在发生着巨大变化，这种变化主要来自它的盈利模式以及传播方式。本章将在梳理近几年的纪录片产业新型盈利模式的基础上，预估未来纪录片产业的盈利发展趋势。

一、传统纪录片的盈利方式

传统的纪录片行业盈利主要通过商业广告的冠名、海外、电视台、视频网站的版权销售以及院线放映来实现，其中广告收入是其收入的主要来源，占比60%以上。

1. 商业广告

商业广告一直以来都是纪录片产业的主要盈利方式，也是纪录片的产业支柱。起初，为了体现纪录片频道的公益性，各大纪录片频道都采用无广告运营，但随着市场化的不断深入，各个频道也开始向盈利模式探索。2002年开播的上海纪实频道于2005年正式进入盈利模式，公开向社会招标，尝试运营广告。2011年，央视纪录片频道也开始了广告运营，并在2012年央视全台广告招标会上，获得达到2亿多元的资金投入，此后电视纪录片的广告盈利进入常态化。视频网站兴起之后，纪录片频道则主要通过购买电视纪录片的网络播放权或者播放网站自制纪录片，借助网络点播的过程中播放页面广告来作为主要的盈利方式。总之，无论是电视纪录片还是视频网站的纪录片频道，广告收入都是其盈利结构中占据主要地位、不可忽视的一部分。

2. 版权出售

版权出售是整个影视行业市场化链条中重要的组成部分，一方面，作为广告收入的补充；另一方面，纪录片作为国家形象传播和文化传统的载体，版权出售使纪录片走向更加广阔的传播平台。目前纪录片的版权出售主要表现在两个方面：一是纪录片的海外营销。例如，2012年《舌尖上的中国》在国内引起收视热潮的同时，在国际上也受到海外市场的追捧，第一季创了单集4万美元（约合人民币25万元）的销售纪录，目前已经销往30多个国家和地区，播出覆盖领域达100多个国家和地区。二是纪录片出售版权给其他电视台和视频网站实现盈利。目前腾讯、爱奇艺、优酷、搜狐等多家视频都开设了专门的纪录片频道，内容的来源主要是购买国内纪实频道电视台或者海外BBC、HBO、NHK等电视台的纪实作品，一些互联网自制的优秀纪录片也实现了向电视台的反哺。例如，2015年优酷自制的《侣行》等就陆续登入国内电视台，由电视台来购买互联网视频网站的节目版权。但是不管是海外营销，还是国内的版权销售，纪录片本身的高质量都是纪录片实现效益最大化的前提。

3. 院线放映

和剧情片相比，纪录片进入商业院线放映的数量较少，少数能够通过发行渠道进入院线的纪录电影也难以通过票房盈利。据统计，从2008年至2017年的十年间，共上映46部纪录片，每年大概在3~8部，十年间纪录片总票房为5.6亿元左右，其中票房超千万元有12部，过亿元的仅一部，也就是2017年的以慰安妇为记录对象的《二十二》，是中国首部票房过亿元的纪录电影。近几年随着纪录片市场化的不断探索和优秀纪录片的频频出现，进入院线发行的作品也在不断地增多，票房收入也在不断增加。据北京师范大学纪录片中心发布的《中国纪录片发展研究报告》显示，2014年至2016年，国产传统纪录电影的票房分别是 1815 万元、3163 万元、7795 万元，同比增长 74% 和 146%。① 大部分不能进入商业院线的纪录片则通过艺术院线的放映与观众见面，收回部分成本。2011 年，《归途列车》和《在一起》在北京百老汇电影中心放映，连续放映了几个月，每周一场。其中《归途列车》放映 16 场，观众 869 人，票房收入 23343 元。虽然收入远不及商业院线，但却是大众观影到小众观影的有益尝试。

二、互联网融合背景下的新型盈利模式探索

"互联网+"在不断颠覆行业模式、促进行业融合重组的同时，也在改变着纪录片的产业形态，纪录片产业的创作者和营销者也在不断探索着具有互联网基因的盈利模式。

1. 纪录片+电商，开启"边看边买"模式

随着视频技术的发展和电子商务的迅速崛起，电商和电视节目的结合早已成为人们熟知的运作模式，2016 年由优酷联合"知了！青年"共同打造的亚洲首部治愈系匠心微纪录《了不起的匠人》于 6 月 21 日重磅上线，由于高品质、高内涵的手作文化展示而受到观众喜爱。配合节目播出，优酷联合阿里巴巴文化中国推出了边看边买的全新模式，画面中是匠人在全身心地投入打造精妙的手工艺品，网页的另一侧则是画面中的器物的拍卖，用户在享受匠心震撼的同时，就能拍下珍贵的藏品，

---

① 纪录片走进院线，业内：纪录片比剧情片更需要大银幕 [N]. 经济日报，2017-05-27.

这种模式不但为纪录片行业提供盈利新思路，同时也为优质纪录片的IP变现提供了新的玩法。

2. 商业植入纪录片，实现企业和制作方的双赢合作

随着消费升级和品牌推广的深入，一方面，高端广告主在探索新的品牌传播路径，逐渐意识到了纪录片作为优质内容和真实传播的结合体，极具投资价值。另一方面，电视媒体对于广告植入类的纪录片具有诸多限制，而视频网站的纪录片频道正在不断崛起需要资金支持。越来越多的高端品牌选择和视频网站合作，在不影响纪录片的整体质量的前提下植入品牌形象和品牌理念。同时，新媒体的媒介特质降低了纪录片的传播成本，既实现了企业的宣传需要，并借助优质作品提升了品牌形象，同时视频网站的纪录片频道也获得了额外的资金支持，实现双赢合作。目前，这种模式逐渐成熟、普及，推往院线的纪录电影也开始尝试用这种方式来收回成本。

3. 商业定制纪录片，将电影植入广告

商业定制纪录片是网络新媒体发展背景下，纪录片商业化尝试的背景下产生的新的媒介形态。制作者通过专业化的受众分析，进行纪录片主角的选定，将企业精神与品牌理念融入纪录片的创作中，既彰显了品牌概念提升了品牌形象，让观众了解到企业背后的故事和厚重的诚意，同时也为纪录片的创作提供了丰富的素材，解决了资金投入的首要难题，做到了内容表达和商业宣传的有效平衡。"语路"计划就是著名导演贾樟柯以监制的身份与尊尼获加合作，推出的为品牌定制的微纪录片，该计划旨在通过展示坚持梦想，在不同的人生角色中完成志向的代表人物

191

的话语，鼓励一代人思考并分享自己的激情和梦想，共同点燃每个人的奋斗之路并向前进发。这也恰巧了尊尼获加品牌所倡导的"永远向前"的精神相契合。贾樟柯在语录计划中提出"将电影植入广告"的创作理念，淡化产品，亲近品牌，让品牌故事感动观众，成为纪录片的商业定制中的有力尝试。

4. 纪录片衍生品开发，延长纪录片产业链

国外的电影产业中，票房收入往往不是唯一的收入来源，衍生品的开发是其盈利结构中不容忽视的一部分，甚至要远远高出票房收入。近几年，国内电影工业也在不断地开发电影工业衍生品，延长产业链条，实现收益多元化，并取得了不错的成果，纪录片产业市场化较晚，在近两年互联网的迅速颠覆和整合过程中，也开始探索关于纪录片的衍生品开发。2014年，由优酷土豆打造的《侣行》建立了会员制度，组织粉丝结伴旅行，同名的两册图书共销售15万本，还建立了校园演讲品牌"趁年轻，去远行"，目前已走进多家高校。2016年，《了不起的匠人》在播出之后，也相继发行了同名图书，并在上海举办了以工匠作品为主题的"知了万物·了不起的匠人亚洲手作展"，也获得了不错的效果。尽管纪录片行业的衍生品开发只是以星点状处于探索阶段，但是这种盈利模式对于今后我国的纪录片商业化发展具有重要意义。

5. 付费模式，培养用户为精品埋单的习惯

付费模式在国外已相对成熟，但国内却是在视频网站兴起之后才逐渐开始培养和完善。美国的国家地理频道，60%的收入来自付费用户，只有不到40%的收入是依赖于广告，这些收入会用于下一轮的纪录片

创作中，有效地解决了资金短缺的难题。2010年以来，随着中场阶级的崛起，在消费升级和知识经济的推动下，用户对于视频节目的付费习惯也在不断地被培养起来。腾讯、爱奇艺、优酷土豆三大网站也在不断布局纪录片频道的收费观看模式。各大网站通过购买国外如BBC、NHK、美国探索频道等优质资源，通过会员制在网络平台播放，培养用户付费观看的习惯。付费模式有望成为未来纪录片产业，尤其是视频网站的纪录片频道的主要收入来源。

三、未来纪录片盈利趋势预估

1. 电视广告衰退并向优质平台和内容集聚

根据《中国纪录片发展研究报告2017》，2016年电视广告收入和收视情况呈现下行趋势，但如2017年播出的《本草纲目》等优质纪录片的广告收入却不减反增。随着视频网站、新媒体平台对于电视媒体的分流，电视的广告资金也逐渐从电视台流向互联网平台。一方面，互联网平台由于其独特的媒介特质传播成本相对电视平台要低很多；另一方面，一大批优质电视人从电视台出来，投入互联网平台的创作中，互联网平台上的优质内容不断涌现，甚至相对于电视平台更为精良，也吸引了一大批粉丝的关注，点击量持续攀升，也吸引了众多广告主的青睐。因此，在未来网络自制内容不断崛起的背景下，广告收入也自然会向优质平台和优质内容集聚以实现经济效益最大化。

2."互联网+"促使盈利模式多元化

"互联网精神"是互联网崛起之后,不断被学者提及的词汇,即开放、共享、平等、快速、协作。这些精神内涵对任何一个行业的发展都起着至关重要的推动作用,这些精神向纪录片行业的融入和渗透,使纪录片的产业形态不断探索、不断变化、不断重塑,在盈利方面更是如此,在"互联网+"的推动下,目前纪录片行业已经呈现出了许多新兴盈利方式,未来随着"互联网+"的深入和纪录片市场化运作的成熟,纪录片产业的盈利模式会向着更加多元化、合理化的方向发展。

3.视频网站"收费模式"不容小觑

根据艺恩发布的《2016年中国视频行业付费市场研究报告》,截至2016年年底,中国有效视频付费用户规模已突破7500万,增速达241%,是美国市场的9倍。[①]中国是世界上最具潜力的视频付费市场,将成为国际视频付费市场不可小觑的力量。视频付费的崛起离不开消费者的消费结构升级和知识经济的推动,在泛娱乐节目遍地开花的背景下,高知识性、专业性强的优质纪录片成为中产阶级、高知青年的新宠,这些具有高知识、高品位、高收入的"三高"人群,正是未来纪录片付费的潜在受众。三大视频网站布局的纪录片频道将有望成为未来纪录片收费的主要力量。

4.品牌建构助力衍生品开发

不管是衍生品开发,还是版权出售、内容付费等各种各样的盈利方式的前提都是要有思想精神、艺术精湛、制作精良一个优质作品。通过

---

① 刘翠萍,付晓岚,李敬蕊.2016年中国视频行业付费市场研究报告[EB/OL].(2017-01-17)[2018-05-23].http://www.199it.com/archives/562535.html.

优质内容的打造，建构观众认可的品牌，增加自身品牌的商业价值才是任何行业成功发展的必由之路。中国纪录片市场的发展仍然存在动力不足、人才匮乏等问题，未来纪录片也必须以原创为本，推出系列精品佳作，打造纪录片IP，由此助力纪录片衍生品的开发，才是解决纪录片发展困境，实现产业化运营的持续发展之路。

后　记

"中国网络文艺批评丛书"是 2017 年度国家艺术基金艺术人才培养资助项目"网络文艺批评人才培养"结项成果。国家艺术基金是由国家设立，旨在繁荣艺术创作、打造和推广原创精品力作、培养艺术创作人才、推进国家艺术事业健康发展的公益性基金。由国家艺术基金资助，中国传媒大学主办的 2017 年国家艺术基金艺术人才培养资助项目"网络文艺批评人才培养"，是国家艺术基金第一次设立的网络文艺高端培训项目。我们真切地希望通过精心策划的研修培训和实践交流，率先为国家培养一批"互联网＋"时代网络文艺批评的意见领袖和卓越人才。

2018 年 6 月 4 日至 7 月 3 日，本项目在中国传媒大学进行了为期 30 天的集中培训，邀请了仲呈祥、欧阳友权、彭锋等文学艺术研究的巨擘来授课。2018 年 10 月，学员们辗转在北京和杭州两地，参与调研了爱奇艺、完美世界、中国网络作家村等一批知名网络文艺创作实践的企业和机构。其中得到许多对当前网络文艺发展的精辟分析，也充分吸取了行业内企业前沿的发展经验。在这个过程中专家、企业家和学员们进行了深入、细致地讨论，对这一前沿问题大家都充满兴趣也收获颇丰。

2018 年 10 月 13 日，我们还在杭州白马湖召开了国家艺术基金网络文艺人才培养结业研讨会，围绕网络文艺的类型发展与艺术批评进行了深入研讨。研讨会邀请了浙江省网络作家协会常务副主席夏烈、《芈月传》作者蒋胜男、同济大学文化产业系副主任夏洁秋、著名网络文学作家天使奥斯卡以及中国传媒大学文化产业管理学院院长范周出席评议。参与项目的学员们针对"网络文学""网剧与网综""网络视听艺术"以及"网络文艺理论与实践"四个主题进行了详细汇报。与会专家高度赞赏国家艺术基金开创性地以网络文艺批评为主题举办培训班，肯定学员在半年的时间创作的丰硕成果，认为本次培训的开展将大力促进我国网络文艺的健康发展和网络文艺批评人才的成长。

  这些培训、调研、研讨和写作的成果，汇聚成为这套"中国网络文艺批评丛书"。丛书包括《互联网电视导论》《网络剧与网络综艺批评》《网络视听艺术批评》《网络文学批评》和《网络文艺批评理论与实践》五本书，它呈现了参与本项目所有老师和学员们的思考、智慧和努力，其中张含、王珺、杪椤和韩少玄还分别负责了《网络剧与网络综艺批评》《网络视听艺术批评》《网络文学批评》《网络文艺批评理论与实践》这几本书的统稿，付出了许多时间和精力。丛书以网络文艺各种类型为研究对象，第一次深入全面探讨网络文艺的性质和特点及其发生、发展的规律。丛书将成为厘清网络文艺相关概念，激发网络文艺的创作活力，引领网络文艺发展方向，弘扬新时期社会主义文化发展的系列重要理论著作。

王青亦
2018 年 11 月